日本発

母性資本主義のすすめ

多死社会での「望ましい死に方」

経済産業省経済産業研究所上席研究員
藤 和彦 著

ミネルヴァ書房

はしがき

ソサエティ5.0という名称を読者の皆さんはお聞きになったことがあるでしょうか。2016年1月に政府が「第5期科学技術基本計画」において提唱した「来たるべき社会」のことです。5.0とは、狩猟採集社会（1.0）、農耕社会（2.0）、工業社会（3.0）、情報社会（4.0）に続くものとして定義されたものですが、「新たな社会を生み出す変革を科学技術イノベーションが先導していく」という意味が込められています。

ソサエティ5.0の基本となる仕組みは、現実の世界からデータを集め、それを計算機の中で処理し、その出力を社会で活用するというものです。IoT（あらゆるモノがインターネット経由でデータ通信を行うシステム）で集めたデータが情報や知識に変換され現実世界を動かすことから「データ駆動型社会」とも言われています。注1

しかし狩猟社会や農耕社会のような具体的な名前がついていないことからもわかるよう

に、その内実はいまだに曖昧です。

ソサエティ5.0は人工知能（ＡＩ）をはじめ技術の進歩により「みんなが平等で幸せに暮らせる社会」「人間中心の住みやすい社会」が実現できるとしていますが、本当でしょうか。

２０２５年の国際博覧会（万博）の開催が大阪市に決まりました（２０１８年11月）。万博のメインテーマは「いのち輝く未来社会のデザイン」です。大阪湾の人口島・夢洲で広さ約１５５ヘクタールの敷地に整備されるＡＩや仮想現実などの先端技術を駆使する「未来社会の実験場」であり、来場者１人１人が望む生き方や可能性を追求できる展示やイベントなどが行われます。

ＡＩで最適な介護計画を示したり、ｉＰＳ細胞などの先端医療が紹介されるとのことですが、ソサエティ5.0と同じ発想です。

ソサエティ5.0の発想は、あらゆる知の中で自然科学の知識に突出した価値を置く考え方です。「何ごとも技術が解決してくれる、そして解決策は必ずや革命的なものになる」という楽観的な前提があると言わざるを得ません。

アルゴリズム（コンピュータの処理手順）は精度や厳密さ、一貫性の点で優れており、関係者の多くは「データが多ければ気づきやひらめきが多くなる」と一般的に信じていますが、ビッグデータ解析の射程に入っているのは、我々が意識して実行した行動だけです。しかし私たちの行動は数え切れないほどの対象と関係から生まれるものであり、身体の記憶に基づくものもしばしばです。事実は常に社会的な文脈の中に存在するものであって、そうした事実を個別のデータに切り刻んでしまっては無意味で不完全なものになる場合も少なくないと思います。

つまり、アルゴリムズによる問題解決法は固有性を削ぎ落とされたデータを分析するものにすぎなく、社会を読み解く手段としては不十分なのです。

「技術」という視点だけで未来予測を行うことにも大きな問題があります。

未来学者のアルビン・トフラーは著書『未来の衝撃』の中で

「世の中が大きく変わるときに私たちは得てして過去の考えから抜け出せず、直線的にものごとを考える傾向がある。とりわけ昨今エビデンスに基づく判断や評価の重要性が謳われる中にあってこの傾向はさらに強まっている」。注2

と指摘したように、これまで描かれてきた未来予測の問題点は、社会の変化に応じて人間の価値観（どのような意味での幸福や豊かさを求めるのか）が大きく変わるという視点が欠けていることです。

高度な社会性を獲得した人間は、現在も絶え間なく変化しています。

例えば「恐怖」の対象について考えてみると、今や自然の猛威や捕食者に殺傷されることではなく、社会の中で自分の居場所を獲得できない（存在を無視される）ことに変化していると言っても過言ではありません。

大阪・関西万博が開催される２０２５年と言えば、皮肉なことに日本が多死社会を迎える年でもあります。注3

多死社会とは「死亡する人が多くなり、人口が少なくなっていく社会」のことです。団塊世代（１９４７年から１９４９年までに生まれた世代）が全員75歳以上の後期高齢者となる２０２５年から、約50年間にわたり毎年の死者数が１５０万人を超える時代が続きます（２０４０年には１６８万人に達するとの予測があります）。

年間１５０万人の死者数は第２次世界大戦中の１年分に匹敵するほどの数です。戦争をしていないのに、戦争中と同規模の人が死ぬ国に日本はなるのです。

死者数の増加や死亡率の上昇もさることながら、死者数に占める高齢者の比率の高さにも注目すべきです。死者数に占める高齢者の比率は１９５０年に35％に過ぎなかったのですが、現在は90％に達しており、30年後には95％にまで上昇するようです。

高齢者ががんや老衰などで亡くなっていくという「長くて緩慢な死」が圧倒的多数を占める「多死社会」が到来するのです。

未曾有の多死社会に突入する日本で必然的に生ずる価値観の転換を視野に入れなければ、

今後起こりうる変化を予測するのは不可能です。

第2次世界大戦後、日本をはじめ世界全体で若年人口が急増したことから「若さこそが価値である」という考え方が広まりましたが、人口動態上の大変化に遭遇している現在、このような発想は時代遅れであるばかりか、「百害あって一利なし」です。

戦後の日本では「死は無価値である」という社会通念が広がりました。このような社会通念のままで多死社会が到来すれば、社会全体がニヒリズムの暗雲に覆われるのは必定です。隠蔽《いんぺい》された「死」が社会に回帰しつつある状況下では、「死」とは何かを議論することは避けて通れません。

多死社会が到来する日本では「超ソロ（2035年の日本では人口の半分は独身になる）」化も急速に進展します。

AI化の進展に関する議論も百出していますが、多死社会に適切に対応するためにはどのような形で人間の強みを伸ばしながらAIを導入していくかという問題意識が希薄のように思えてなりません。

ブロックチェーン技術の誕生で仮想通貨もブームとなっていますが、多死社会に適した貨幣システムはどのようなものになるべきなのでしょうか。

「大変な事態になってしまうが、私たちはどうしたら良いのだろうか」。

危機意識を持ったものの途方に暮れるばかりの筆者の前に「救いの神」として姿を現したのが柴田久美子氏です。

25年以上にわたり抱きしめることを基本とする「看取り」の活動を続けている柴田氏は、2012年6月岡山市に一般社団法人日本看取り士会を設立して、「看取り士」の養成に努めています。柴田氏の活動の詳細については第1章で詳述しますが、筆者が注目したのは看取りの経験を通して「望ましい死」という概念を柴田氏が提唱していることです。

「パラダイム」という言葉は、科学史家のトーマス・クーン氏が科学理論の歴史的な発展の経緯を分析するために考えた概念です。現在では「ある一つの時代の人々の考え方を根本的に支える概念」として理解されており、パラダイムシフトとは「ある時代の共通認識が革命的に転換する」ことを意味します。

世界は過去2世紀にわたり「近代化」を進めてきました。近代化とは技術に導かれた経済成長（産業化）とこれに関連した政治的・社会的な変化の総体のことを指しますが、近代化した社会で最も大切とされているのは合理的思考です。

無敵に思える合理的思考ですが、最も苦手とするのが「死」です。実証的な分析を行うことができないからです。

20世紀は人口増加の世紀でしたが、21世紀は人口高齢（多死）化の世紀になるとされて

います。注4

『サピエンス全史』の著者であるユヴァル・ハラリ氏は、人類が他の動物とは違ってここまで発展できた最大の要因として、人類の「虚構を信じる力」を挙げています。社会を形づくっている虚構（パラダイム）ですが、別の虚構へと一気に切り替わることが歴史上何度も起きました。

「死」が社会から隠蔽されていることから、私たちは多死の実態をあまり認識していませんが、変化は着実に起きています。

現在のパラダイムも何かをきっかけに一気に変わると思います。

このように考えると多死社会が到来する日本において、世界に先駆けて真の意味でのポスト・モダンとも言うべきパラダイムシフトが起こるのではないでしょうか。

しかし多死社会をどうすれば乗り切ることができるのでしょうか。

そのヒントは「母性」にあると筆者は考えています。

看取り士の柴田氏は「女性は出産という形で母性を育てることができるが、男性にも看取りで魂の受け渡しを経験して母性を育んでほしい」と訴えています。母性とは「困った人を助ける」という本能です。物事をすべて因果関係で説明するのではなく、あいまいなことはあいまいのまま受けとめるという知性のあり方です。

母性とは、時代時代に応じた文化的・社会的特性の一つであり、女性だけに備わっているものではありません。多死社会において非常に重要なものになると思います。

何かと評判の悪い資本主義ですが、資本主義の推進力（父性）に倫理的感情（母性）を注入することにより新たな資本主義（母性資本主義）が構築できるのではないでしょうか。

以上が、拙著を上梓した筆者の問題意識ですが、読者の皆さんも各人それぞれが様々な意見をお持ちでいらっしゃることでしょう。２０２５年に高齢者入りする筆者とともに、多死社会のあり方とそのパラダイムシフトについて、共に考えてみようではありませんか。

日本発

母性資本主義のすすめ

多死社会での「望ましい死に方」

目次

第3章　人を人たらしめるスピリチュアリティ……85

第6章　母性の通貨で多死社会を乗り切れ

第1章

多死社会での「望ましい死に方」

中高年で元気な人たちが
死の問題から逃げていますが、
看取りの体験は特に
自己否定の感情が強い男性に
大きな変化をもたらし
人生の優先順位が変わるはずです。

柴田　久美子

「長くて緩慢な死」が多数になる

終末医療や介護関係者の間で「２０２５年問題」が懸念され始めています。

団塊世代が一斉に後期高齢者となる２０２５年には、老化に伴うがんや慢性疾患、老衰などで死に直面する人が急増するため、病院などの収容が追いつかず、死にゆく者をどこで誰が看取るのかが大問題になると予想されているからです。

２０２５年までに約８００万人の団塊世代が75歳以上となるため、後期高齢者の数が１６９１万人（２０１６年）から２１８０万人にまで増加すると予測されています。国民の５人に１人が後期高齢者となるのです。

２０１８年の日本の年間死亡者数は１３６万人となり、１９８０年と比べると50万人以上増加しました。２０２５年の死亡数は１５０万人を超え、ピークは２０４０年の１６８万人になるようです（巻末補論１参照）。

人口１０００人当たりの死亡率を見てみましょう。

戦後の最低は１９８２年の6.0％でしたが、その後１９９０年頃から上昇傾向が明らかになり、２０１８年には11.0％と倍近くになりました。今後も上昇し、１９４７年に記録した戦後の死亡率（14.6％）を超えるのは時間の問題です。

死者数を年代別に見てみると、その90％が高齢者であり、その比率は30年後には95％になると予測されています。死因を見てみると現在日本人の３人に１人はがんで亡くなっていますが、２０２５年では２人に１人ががんで死ぬことになるようです。

このように超高齢社会を迎えた日本では「突然の死」よりも「長くて緩慢な死」が圧倒的に多数となり、老いの問題は個人の生き方の問題ではなく社会全体の問題に変わりつつあります。「長くて緩慢な死」への過程において、死にゆく人の尊厳を守るために「看取り」をサポートしてくれる人が欠かせなくなるからです。

「看取り難民」の大量発生？

人生の終末期を生きる人を病院から「地域」に還す動きも出ています。

戦後の日本では「面倒な在宅死よりも最期まで治療を続けた」という家族の安堵感などから「病院死」の比率が上昇しました。「病院死」が「在宅死」の比率を上回ったのは１９７７年であり、現在も約80％と諸外国に比べて高くなっています。

しかし今後は「多くの死者が発生する」という理由で新たな入院施設を整備することは困難です。

財政上の制約などを理由に政府は病床数を減らし、特別養護老人ホームへの入所基準を厳しくし、医療介護制度の病院・施設から、地域・在宅への転換に踏み出そうとしているからです。

厚生労働省が在宅死の比率を上昇させようとしているのは、病院医療に比べて在宅医療にかかる経費が圧倒的に少ないからです。30日間の入院を在宅医療に替えれば（在宅療養を開始して約半数の患者が30日以内に死亡している）、1人当たり最大50万円のコスト減になるとの試算があります。注1

政府は住み慣れた地域（自宅）で最期の時を迎える人々が急増することに備え、医療・介護・生活支援を一体的に提供できる「地域包括ケアシステム」の構築を進めています。

２００６年に地域で連携して活動する在宅医療支援診療所の仕組みが創設され、２０１４年時点で全国で約２万３０００カ所整備されました。患者数は月に延べ約65万人となっていますが、地域によって普及の度合いにばらつきがあり、ケア全般に対処できる医療人材の育成が急がれます。

終末期の患者を住み慣れた住宅で天寿を全うできるように痛みの緩和や栄養補給、心のサポートなどを行うホスピスケアも始まりました。２０１７年時点で在宅ホスピス関連施設は３４０以上になり、ベッド数も５０００を超えましたが、米国に比べて在宅での取り組みは圧倒的に遅れています。

日本のホスピスは身体面でのケアが充実していますが、死生観の問題を含む魂のケア（スピリチュアルケア）が不十分であるとの指摘もあります。

地域の医師会、行政が中心となって、医療・介護連携推進協議会などを立ち上げ全国で活動が始まっていますが、「かけ声倒れ」に終わってしまうと「死に場所」に困る国民が大量に発生する事態になりかねません。

厚生労働省は「在宅死＋施設死」の比率を40％に引き上げる方針を示しましたが、目標が達成できないと「２０３０年に約47万人の『看取り難民』が発生する」と警鐘を鳴らしています。

失われた「看取り」の文化

医療を提供する側の問題に加えて、看取る側の家族にも延命治療の是非が判断できないなどの問題があります。病院死が一般的になって既に40年が経ち、身近なところで死に直面するという実感がなくなり、自宅で病人を看取る記憶が失われてしまったからです。家族のシェルター機能の弱体化などから死にゆく者が放置され、家族の親身な援助を受けることなく「孤独な死」を余儀なくされるケースも多くなっています。

日本では近世以降、「家」が介護・看取りの中心的な役割を果たしてきました。伝統的な看取りや葬儀では故人の最期の顔を見るのが大事でした。江戸時代の医療技術は貧弱でしたが、死を皆で抱え込み、互いに慰め合うことで、病人は安らかな死を迎えることが出来たとされています。

明治から戦前にかけて、高等女学校や農村女子青年団では、家事教育の一環として看取りが教えられていました。死を間近にした人に安らかな最期を迎えてもらうためにはどうすればいいのか、どのような状態になったら死と判定するのかを学んでいたのです。

しかし戦後の日本では、人の死をそばで見守ることもなくなり、いのちの境界線で人が宿す表情や体温、空気を感じることがめっきり少なくなりました。

身近であったはずの死を社会全体で見えないようにフタをしているうちに、本当に死が見えなくなってしまい、死がとても恐ろしいものになりました。

全員が獲得できるかわからない「不確かな健康」には関心が高いものの、全員に訪れる「確かな死」についてはよく知らないという有り様なのです。

戦後の日本ではサニタイゼーション（死の病院への囲い込み）が進み、「死」を隠蔽し、近代合理主義的な価値観に基づく社会システムが構築されてきました。しかし多死社会の到来により、死の「現場」は病院や施設内に収まらず、日常生活の場へとあふれ出ていかざるを得ない状況にあります。

２０１９年2月22日付け神戸新聞はショッキングな記事を報じました。

望ましい最期の場所を余命の短い患者らに提供する施設「看取りの家」が神戸市須磨区で計画されていることに対し、近隣住民らが反対運動を展開しているという内容です。

住民側は「亡くなった人が出ていくのを見たくない」「落ち着いて生活できない」など死を前提と

する計画に拒否感を示しています。

事業者は余命宣告を受けた患者5人程度とその家族を受け入れ、利用者の希望に沿った介護や看護を実費で提供するため、１９７０年代に建設された須磨ニュータウンの一角にある空き家の一軒家を施設用に購入しました。２０１８年10月事業者が自治会関係者に概要を文書で伝えたところ、自治会側が反対の意思を表明、その後事業者との間でもみ合いとなり、警察が出動する事態にまで発展しました。自治会側は「断固反対」と記したチラシを住民に配布し、事業者側が住民説明会を申し入れても断固拒否の姿勢を崩していません。

今回の事例は、核家族が移り住んで始まり死が身近になかったニュータウンという町の特性が影響した可能性がありますが、どのようにして人生を締めくくるかということについて日本人はまだまだ心の準備ができていないことを象徴する出来事だと思います。

「安楽死で死なせてください！」

内閣府などの調査によれば、現在過半数の高齢者が在宅死を希望していますが、そのうち8割は「家族に負担がかかるため難しい」と考えています。

現在の高齢者は、生活意識という点で言えば「戦後派」です。若くして敗戦による価値観の転換を強いられ、成人した後は戦後の混乱の中から這い上がるようにしてマイホーム（核家族）を作ってきた世代です。自分たちは郷里の長男などに老親を預け、都会に出てきたという過去を振り返り、「子が親の世話をするのが当たり前」とは考えません。

「自分のことが自分で出来なくなり、周囲に迷惑をかけている」と自分を責め、「その状況は生きるに値しない」と考える高齢者は少なくありません。

日本の自殺者の４割が高齢者です。介護されている高齢者の３人に１人が「死にたい」と考えたことがあるというのです。

悲しいことに自殺者の95％は家族と同居する高齢者です。その理由は「邪魔者扱いされている感じがするし迷惑をかけてすまない」という気持ちからのようです。

このような世相を反映してか、「おしん」「渡る世間は鬼ばかり」などで有名な脚本家橋田壽賀子氏（92歳）が２０１７年8月に出版した著書『安楽死で死なせて下さい』が話題を呼んでいます。「もしも『安楽死させてあげる』って言われたら、『ありがとうございます』と答えていますぐ死にます。生きていたって、もう人の役に立ちませんもの」という書き出しで始まり、日本では安楽死が認められることは当分認められそうにないことを慨嘆し、「だから私はスイスにいくつもりです」と締めくくっています。注2

読売新聞の２００8年の調査によれば、団塊世代は「あの世や霊魂の存在を信じる」割合が低いという結果があります。戦後の経済至上主義やマルクス経済学の唯物論の影響を受けた団塊世代は「死んだら灰になる」と考える人が多いからでしょうか。効率重視の発想が強く死生観が希薄な団塊世代（特に男性）が中心となって安楽死解禁論が噴出すれば、医療現場はもとより社会を揺るがす大問題になる可能性があります。

では、日本ではそもそも安楽死は必要なのでしょうか。

『安楽死を遂げるまで』の著者でジャーナリストの宮下洋一氏はこのような風潮に対し、「安楽死や尊厳死の言葉の違いがほとんど理解されないまま、日本では『周りに迷惑をかけたくない』といって一種のブームのように語られている」と否定的です。注3

安楽死か尊厳死か？

宮下氏によれば、「安楽死」と呼ばれるものは以下の４種類の区分に分かれます。

①積極的安楽死

筋弛緩薬を静脈注射することで患者を死に至らせるものであり、オランダやベルギーなどで実施されています。

２００１年に安楽死法が制定されたオランダでは認知症患者も対象となっています。オランダ全体の死者数に占める安楽死の割合は約４％です。

医師は患者に睡眠剤を含ませた後、筋弛緩薬を打って患者を死に至らしめます。その後の手続きは警察に報告するだけです。

オランダでは「かかりつけ医」制度が確立されており、患者と医者の間で信頼関係が築かれています。地域のかかりつけ医が数週間から数カ月かけて入念な対話を繰り返した後に、患者が本当に「耐えられない痛み」に悩み、その原因である病気が「回復の見込みが全くない」ことを確認した上で安楽死を実施します。

②自殺幇助《ほうじょ》

医師から与えられた致死薬で患者自らが命を絶つものです。

スイスや米国のいくつかの州（コロラド、カリフォルニア、ワシントン、オレゴン、モンタナ、バーモントなど）、カナダなどで実施されています。

スイスでは「幇助」の名が示すとおり、医師は致死薬を入れた点滴瓶を用意し、血管を確保するまでで、医師はその場に立ち会うものの点滴のストッパーを開くのは患者本人です。点滴を開始してから臨終に至る模様をビデオ撮影し、そのフィルムを検死に訪れる警察官に殺人ではないことの証拠として呈示することが課されています。

スイスで安楽死を引き受ける幇助団体は、ディグニタス、エグジッド、ライフサークルの３つです。外国人を受け付けているのはディグニタス、ライフサークルですが、世界中からほとんど毎日のように電話がかかってきて、予約待ちの状況だと言われています。

米国では、医師は直接手を出さず、致死薬を処方した後は患者の自由意志に任せ、患者がそれを服薬する現場に立ち会いません。ナチスドイツが優生思想のもとで実施した「安楽死プログラム（20万人の障害者が殺害された）」が連想されるという理由から、「安楽死」ではなく「尊厳死」と呼ばれています。

③消極的安楽死

日本で「尊厳死」と呼ばれているもので延命治療措置の手控えや中止のことを指します。

日本では尊厳死を認める法律は制定されていませんが、２００７年に厚生労働省が発表した「終末期医療の決定プロセスに関するガイドライン」が実質的に尊厳死に関する指針となっています（２０１５年に「人生の最終段階における医療の決定プロセスに関するガイドライン」と改訂されました）。

１９７６年に尊厳死協会が設立され、現在会員数は11万人超です。会員の80％以上が65歳以上であり、女性の比率は男性の２倍です。

④セデーション（終末期鎮静）

終末期の患者に緩和ケア用の薬物を投与するものであり、日本でも多くのホスピス病棟で実施されています。

以上が安楽死の定義ですが、宮下氏は「安楽死をする人たちには4Wという特徴がある」と指摘します。注4

4Wとは、①白人(white)、②裕福(welthy)、③心配性(worry)、④高学歴(well educated)のことであり、日本をはじめ先進国は世の中が忙しすぎて看病してくれる人が見つからないという事情を示しているとのことです。

宮下氏はさらに「死を自らで決定しようとする欧米と違い、日本では『家族に看病してもらうのは申し訳ない』というように『死』が自らの意思というより家族に向けられている感覚がある」と指摘した上で、「日本では精神的な苦しみを重視する傾向があり、安楽死が法制化されれば、多くの認知症やうつ病の患者が安楽死を希望し、歯止めがきかなくなる恐れがある」と危惧しています。注5

18歳から海外を飛び回り西洋的な価値観を十分身につけた宮下氏ですが、意外にも「集団に執着する日本には、日常の息苦しさがあるが、一方で温もりがある。この国で安楽死は必要ない」と主張します。注6

かつて日本人は規模の大小や血縁の有無に関係なく、本人が自己と密接な関係を持つと意識する集団や共同体と強く結ばれているという生命観を有していました。注7 自らを永遠に続く駅伝競走のバトン(いのち)を受け継ぐランナーのように捉えていたのですが、日本人はいつからこのことを忘れてしまったのでしょうか。

死生観を忘れた日本人

集団的な生命観が失われたことと死生観の喪失は表裏一体の現象です。

ユング派心理学の大家である河合隼雄氏は、かつて日本人の死生観について次のように語っています。

「もともと日本人は死ぬことばかり考えてきた。『武士道と云ふは死ぬ事と見つけたり』という言葉があった。戦争中は、死ぬことばかり考える悪い時代の典型だった。戦後はその反動で、生きる方へ振れた。日本人はますます伝統を忘れ、死を考えない珍しい時代が続いた」。注8

幕末に来日した外国人たちは一様に「日本の庶民は従容として死を受け止める」と驚いていましたが、集団的生命観のおかげで死をことさらに嘆き悲しむことがなかったのかもしれません。

ちなみに「死生観」という言葉を初めて使ったのは加藤咄堂《とつどう》という仏教学者です。加藤は１９０４年に『死生観』と題する書籍を出版しましたが、日清戦争や日露戦争など対外戦争が恒常化してきたことや新しい時代にふさわしい国民道徳を創出・実践しようとする修養主義の隆盛がその背景にありました。西洋文明との接触で未知なる生き様や死に様と出会った日本人が近代的自我の要請から死生観を必要としたのです。

この死生観が過剰に溢れたのが日中戦争とこれに続く第2次世界大戦中であることは言うまでもありません。若者たちが死地に赴《おもむ》くのを覚悟させるうえで死生観は悪用されました。個人の内発的な決断にかかわるはずの死生観が外部から強要されるものとなってしまったのです。

大戦中日本の指導者は極端な精神主義を国民に強いましたが、その結果は惨敗であり、多くの国民は精神主義の限界を思い知らされました。

GHQの主導する戦後改革の中で軍国主義の復活につながるものは徹底的に排除されましたが、日本人自身も価値観の押しつけにはこりごりだったでしょう。

300万人を超える死者を出した末に全面的な敗北を喫した日本では、国土の荒廃とともに古い心の傷が残され、その後遺症は日本人の死生観にも及んだのです。

戦後の日本では「お上」が押しつけた死生観から解放されましたが、戦後の混乱の中で自由な立場で人の生と死について考えることはありませんでした。むしろ死について考えることや死生観について論じること自体を回避する傾向が顕著であったと言っても過言ではありません。

敗戦後の混乱と停滞は1950年に起きた朝鮮戦争をきっかけに一変し、1950年代後半から高度経済成長期に突入します。

その後の日本は経済至上主義が蔓延するとともに、マルクス主義のような唯物論が我が物顔で闊歩するようになり、死生観に関する一種の空白状態が生じてしまったのです。

このような時代の流れに最も影響を受けたのは、高度経済成長期の中で育ちこれを支えた団塊世代です。次のような述懐があります。

「団塊の世代と呼ばれる世代前後の人々になると、戦争直後の物質的な欠乏の時代の感覚をベースにもちつつ、まさに経済成長をゴールに、かつ圧倒的な『欧米志向（日本的なもの、伝統的なものに対する否定的な感覚）』のもとで突っ走るという時代に育ってきた分、死とは要するに『無』であり、死についてそれ以上あれこれ考えても意味のないことで、ともかく生の充実を図ることこそがすべてなのだ」。注9
こうした死生観が広まったのです。

核家族が進行し病院死が一般的になった日本では、死の実感の喪失に対する強迫的な不安に駆り立てられるようになりました。その典型がメディアの「死体隠し」です。

関東大震災の時は死体を記録に残して公表することは当たり前のように行われていましたが、阪神淡路大震災や東日本大震災の際、遺体の映像は一切ありませんでした。メディアの「死体隠し」という自主規制は、残酷なものを見せまいとするタブー意識のあらわれであり、共同体が死についての説得力ある物語を提供できなくなったことが関係しているのだと思います。

心理学では、強い喪失体験の後に気分が沈むのではなく、逆に高揚し過剰なほど活動的になる現象が知られています。「躁的防衛」と呼ばれるもので喪失体験に打ちのめされまいとする心の代償作用ですが、しばしば行き過ぎて現実の認識を誤らせ、適応に失敗します。戦後直後の日本人の心のありようは集団レベルでの躁的防衛だったと思います。

人間の活動というものは、そもそも死の宿命を避け、なんらかの方法で死が人間にとって最後の運命であることを否定して、死を克服するために企図されるものなのではないでしょうか。そうだとすれば、死を隠蔽したことが戦後日本の経済成長の真の源だったのかもしれません。

20世紀は世界的に見ても死はタブーでした。

モダニズム（近代主義）は死から眼をそらすことによって成り立っており、それに触れないことで物質的な豊かさをひたすら追求してきました。「命はひたすら長い方がよい」とする価値観に支配された社会にとって、「死」は無作法なもの、汚れたもの、そして恥とされるようになってしまったのです。

「死にがい」の復権？

その後１９７０年代に入り高度経済成長に陰りが見え始めると、生活の質や人生の意味にようやく関心が向けられるようになりました。高齢化社会（高齢化率が７％を超えた社会）の到来により

「老・病・死」にどう向き合うかも国民的な課題として急速に浮上してきたのです。注10
死のタブー化という傾向についても見直されるようになり、「死にゆく者とその周囲の者は、死をタブー視することなく、感情をありのままに吐露しあい、他者との関係の中で生きる意味を見出す過程を取り戻す必要がある」との問題意識から「死生学」という学問が日本でも徐々に注目されるようになりました。

死についての探究は、哲学や宗教学のみならず、生物学、医学、法学、工学等の様々な分野で独自に行われてきましたが、死生学はこれらの範疇にこだわることなくあるがままの現実の死を考察するものです。

死はかつて私たちの日常の中に感覚的な実質として宿っていましたが、戦後、乳幼児死亡率が下がり、飢餓の恐れも後退すると、感覚的な生々しい死のイメージが次第に遠ざかっていきました。技術の進歩に伴い、死の瞬間や死にゆく過程を神や自然に任せるのではなく、医療が決定する事態になり、病院はもはや治療するためのものではなく、まさしく死ぬために行くところとなりました。「死の医療化」によって人は非日常の空間である病院で死ぬことが当たり前になったことから、地縁・親族関係の中で死に濃密に反応する必要がなくなっていったのです。

日本に死生学という言葉が輸入されたのは１９７０年代ですが、死と生を同じ比重で捉え、死のタブー視とその裏腹にある生への過剰な価値付けを問い直すといった指向性を有しています。注11

１９７７年に医療従事者を中心とした「日本死の臨床研究会」が組織化され、医療従事者を中心とする「日本臨床死生学会」は１９９５年に設立されました。「日本臨床死生学会」と「日本死の臨床研究会」とも名称に「臨床」が含まれていますが、日本の死生学は主に臨床医療にかかわる者たちによって牽引されてきたことを物語っています。注12

さばさばと「死」について語る

その後、スピリチュアリティの勃興などを背景に死生観への関心も徐々に高まりつつありましたが、２０１１年3月11日に起きた東日本大震災は決定的な出来事でした。日本は常に天災の危険に晒されており、人の生が死と隣り合わせであることを改めて想起させたからです。

敗戦という巨大な喪失体験に対する否認と躁的防衛が高度経済成長であったとすれば、経済成長の終焉とともに否認と躁的防衛は終息に向かい、東日本大震災はこれに終止符を打ったのです。

英語の「depression」という単語は精神病理的な「抑鬱《よくうつ》」の意味とともに、経済的な「不況」の意味を併せ持っています。平成の時代はバブル崩壊後の長引く経済不況により精神的にも躁から鬱に転じたことに特徴があります。

戦後生まれの団塊世代は高齢化し、終末を意識する時期を迎えており、人生の最期に向き合いつつあります。多くの日本人は独り暮らしをしながら、死というものを少しずつ身近なものに感じ始めているのです。

若いときに「死んだら灰になる」とうそぶいていたものの、老年期を迎えると死んでそれっきりと思うのはあまりにも辛くて納得できないことから、なんとか自分なりの死生観をもつことで死の恐怖や死によってもたらされる断絶感に対処しようとしている人も少なくないと思います。令和の時代に入り日本の社会はようやく生死の問題についてじっくりと考える機運が整ったと言えます。

人生の最期をどう迎えるかは個々の価値観に関わる難しいテーマです。死に対する悩みはさまざまな恐怖（苦痛や尊厳の喪失など）や不安（人生が不完全なまま終わってしまうことや家族や社会の負担になることなど）が複雑に入り交じっているからですが、日常生活の延長線上にある最終地点が死です。死を日常と切り離すのは不自然です。

自らの死を前もって用意された「死にがい」に位置づけられていれば、かつての日本人のように死を「生の兄弟」として受け入れることができ、アイデンティティの構成要素（生きがい）にすることすら可能かもしれません。

しかし私たちは宗教的な物語の力に全面的に頼ることはできず、１人１人で生の有限性に向き合うことが要請されています。

長く緩慢な死が大多数を占めるようになった現在、「死にがい」は「行為」として意味づけるのではなく、これまでの人生や存在に意味を与えて死を納得するタイプのものになるでしょう。

多死社会を迎える日本では、医療関係者ばかりに「死」を押しつけることはもはや出来なくなりました。これまでよりもさばさばと「死」について語り、若い頃から人生をどう終えるかという「死にがい」について真剣に考えることが当たり前にならなければならないと思います。

「死は不幸」という概念で良いのか

社会から一方的に「死」を押しつけられた医療現場で「死は不幸という概念のままでいいのか」という疑問が上がり始めています。

この問題をかねてより提起しているのは在宅ホスピスケアの先駆者の1人である山崎章郎氏です。山崎氏は東京都の多摩地区北部にある小平市に在宅専門診療所「ケアタウン小平クリニック」を2005年10月に開設しました。医師は山崎氏を含めて3人、半径3～4㎞の圏内の患者の訪問診療を実施しています。がん患者の在宅死の比率は8割を超えるようになりましたが、山崎氏は在宅ホスピスケアの活動を続けていくうちにスピリチュアルペインの問題に関心を深めるようになりました。

スピリチュアルペインとは「その状況における自己のありようが肯定できない状態から生ずる苦痛」のことですが、終末期に入り急激に日常生活が困難となった患者は絶望的なほどに苦しいと感じることが容易に想像がつきます。

「周りの人に迷惑をかけたくない」という言葉には「生産性がなくなった自分は家族に迷惑をかけてまで生きていたいと思わない」という意味合いがあり、「安楽死を望む人はスピリチュアルペインのただ中にいる」と山崎氏は指摘します。注13

人は死と向き合わなければならなくなったとき、いったい自分が生きてきたのは何のためだったのかという問いが出てきます。「自分がどこから来てどこへ行くのか」という実存的な問いは身体はもとより精神や社会の次元での回答では満たされない、すぐれてスピリチュアルな性質のものであり、医療ではなすすべもありません。

しかし山崎氏は「これまで多くの患者は自分らしく生きることができず、苦痛と不信と孤独の中で最期の時を迎えていた」という自身の反省を踏まえ、「どんな状況でも自分が納得いくような方向に考え方を変えられれば、人生を肯定でき、苦悩も変容する」と述べています。注14

そして「最期の場面まで誰かと関係性を保つことができれば、『この状態でも生きて良いんだ』とポジティブな気持ちに変わりうる。死を迎える場面で1人の人間として納得して生きられたという受け止め方ができれば、老化や死は嘆くものではなくなるのかもしれない」として、この問題に積極的に取り組んでいます。注15

「1人でも多くの人に納得した人生を生きていただきたい」

「われわれも応援しますから、最期まで一緒に生きていきましょう」。というメッセージを発する山崎氏は、死を前提とした場面で「さようなら」ではなく「また会いましょう」と言うようになりました。注16

「あの世」の存在を信じるようになった山崎氏にとって、患者にとっての死はこの世からあの世への通過点だからです。山崎氏が繰り出す言葉はホスピス医というより宗教家に近いと感じると言ったら言い過ぎでしょうか。身体の病だけでなく、「心身」を癒やすことが医師の使命であるなら、むしろ当然と言うべきかもしれません。

在宅ホスピス医でこのような取り組みをしているのは山崎氏ばかりではありません。神奈川県横浜市で在宅医療に従事している小澤竹俊氏も「人は、人生を終える最後の瞬間まで輝くことが出来る」という信念から、「ディグニティセラピー」を実践しています。注17

ディグニティセラピーとは「人生において最も輝いていたことはいつ頃でその時あなたは何をしていましたか」といった人生の振り返りを通して、患者に誇りを取り戻させ、自身が果たしてきた役割を再確認させる手法です。終末期の患者から大切な人へのメッセージを手紙にまとめる手伝いを行っています。

自分のしてきたことが何らかの形で人の心に残っていくと信じることができれば、人は死を超えたところに希望を抱くこともできるからです。

「ありがとう」といって死のう

日本ではエビデンスベースドメディスン（ＥＢＭ、科学的根拠に基づく医療）は有名ですが、海外でＥＢＭとペアで語られることが多いナラティブベースドメディスン（ＮＢＭ、物語に基づく医療）についてはほとんど知られていません。

ＮＢＭとは、病気になった理由、経緯、病気そのものについてどのように考えるかというアプローチから、患者が抱える問題を全人的（身体的、心理的、社会的）に把握し解決方法を模索する臨床手法のことです。患者との対話と信頼関係を重視し、サイエンスとしての医学と人間同士のふれあいのギャップを埋めることを目的としています。

山崎氏や小澤氏は日本のＮＢＭのパイオニアだと思います。

日本でも医師が哲学的・宗教的な回答を持たなければならない時代になりましたが、看護師の間でも臨終の床にある人に向かって「がんばって」という以外の言葉を持たない精神の貧しさを問題視する動きが出てきています。

看護師という職業が出来る前、戦争などで傷ついた人々に寄り添ったのはシスターの仕事でした。その原点に立ち返る高木慶子氏（「煉獄援助修道会」のシスター）の活動を紹介したいと思います。

阪神淡路大震災の遺族会を支援するなど日本のグリーフケア（喪失の痛みを手当てする）の先駆者とも言える高木氏は、現在その実践と研究の場を上智大学に移し、東京と大阪で傾聴者の育成活動を進めています。

自らの役目を1人1人の渇きや飢えに応える「寄り添い人」だとする高木氏は、看取りの経験から、「人生の意味は生きている限り理解できない」と指摘します。注18「自分の死と向き合いたくないから死について深く考えない」という逃げの姿勢から「死んだら無になる」と考える人が多い日本の現状について「死について考えることは生きていく上でプラスになる。『ありがとう』といって死のう」と主張します。注19「ありがとう」と言って死ぬためには肉体は衰えても精神性は上がっていくような人生を送ることが必要だからです。

死を意識すれば1日1日を大切に過ごそうとし、人との関係を大事にしようとするでしょう。「人生の秋、年齢で言えば55歳を超えた頃から、自分の死、すなわち人生の冬を迎える準備をし、年を取った時に周りの人から『自分もああいう人になりたい』と想われるようにしよう」という呼びかけは、注20私たちが死生観を考える上で重要なヒントになるのではないでしょうか。

ディグニティセラピーを実践する小澤氏は「1人1人が普段から様々な人と信頼し合える人間関係を築くことが最高の『終活』である」という趣旨から、2025年までに看取りに関わることができる人材を育成するために「エンドオブライフ・ケア協会」を設立しました。

医療従事者や宗教関係者以外でも「看取り」の復活に向けた動きが出てきています。

看取り士――「いのちのバトン」をつなぐサポーター

２０１２年６月、岡山県岡山市にユニークな団体が設立されました。「一般社団法人日本看取り士会」です。団体の理念は「すべての人が愛されていると感じて旅立てる社会づくり」です。具体的な活動目的は来たるべき多死社会に備えて日本人の看取りを支える看取り士の養成と、ポジティブな死生観を伝える「看取り学」講座など看取りに関する啓発活動の実施です。

代表の柴田久美子氏は母性に溢れた方ですが、その人生は波瀾万丈です。20歳で日本マクドナルドに入り社長秘書を振り出しに店長から店舗オーナーとなり、社長賞をはじめ社内表彰も数回受賞するなどの輝かしい業績を挙げましたが、その結果行き着いたのは自殺未遂と離婚、２人の息子との離別でした。

深く傷つき破滅寸前の柴田氏が流れ着いたのは隠岐の島の知夫里島《ちぶり》でした。

知夫里島は人口６００人の半農半漁の小さな島で、高齢化率は43％でしたが、在宅死の比率は75％と非常に高かったのです。

柴田氏はこの知夫里島に13年間暮らし、島の内外で合計50人以上を看取りました。

「最期のときは楽しく死ねるようにね、いつ死んでも『ありがとう』って言えるように練習している」。

「笑って死ねるように稽古しとったわい。遺影を準備するのもええが、わしは一番いい顔で死のうと思ちょう」

死を受け入れた島の高齢者の言葉に感銘した柴田氏は、

「死はものすごい量のエネルギーを放出するものであり、その人の人生にとって最も大きな愛に溢れたイベントである。旅立つ人の周りはパワースポットである」ことを実感しました。80～90年と齢を重ねて死を目前にしても悲観せず、むしろ謙虚に自分を整えようとする姿勢を見て、高齢者は「幸齢者」だと考えるようにもなりました。

その体験が元になって出来たのが「看取り士」です。

看取り士は生前から逝去数時間後の人の顔から背中までを家族が触ったり抱きしめたりしながら、まだ温かい身体を通していのちのエネルギーを受け取り、「ありがとう」や「愛している」と伝えるように促して、温かくて幸せな時間を作り出すことが任務です。

２０１９年６月現在、全国で５１３人の看取り士が活躍しています。看取り士をサポートし家族の負担を減らすためのエンゼルチーム（ボランティア）の支部が全国で５４２も誕生しています（１支部当たり10名体制が基本）。

看取り士の役割を詳しく見てみましょう。

看取り士の依頼は、末期がんなどで余命宣告を受けた在宅死希望者やその家族からのものがほとんどです。入院中の患者から依頼を受けたとき、看取り士はまず在宅死希望者と家族、病院の相談員と話し合い、在宅介護のためのケアマネージャーとかかりつけの医師を探します。在宅で看取るには医師のほか、訪問看護師、薬剤師、訪問介護士の手配が必要であり、看取り士はこうした人たちと連携して活動します。

ただこうした人たちは24時間ずっと終末期の人に寄り添うことができないため、エンゼルチームが介護中の家族が食事や入浴、買い物に出かけられるよう24時間体制で見守ります。

看取り士の使命は、生前から逝去数時間後（納棺前）の人の顔や背中などを家族が触ったり抱きしめたりすることで残された時間を温かくて幸せなものにすることです。

幸せに看取るためのポイントは次の4点です。

①肌の触れ合いを持つ（温もりで相手に安心感を与える）

②傾聴・反復・沈黙（言葉に出来ない不安や恐怖を共有）を繰り返す

③「大丈夫」と声をかける

④呼吸を合わせる（自分の呼吸のリズムが他人と共有されると相手に自身の存在が受け入れられているという自己肯定感が生まれる）

看取り士を活用するメリットについて、柴田氏は、①グリーフケアを必要としない、②ポジティブな死生観を持てることを強調しています。

グリーフケアとは、死別による喪失からの回復を支援することです。死別による喪失感に陥ると立ち直りにしばしば時間がかかりますが、思い残すことなく抱きしめることで逝く人の「魂」が遺された家族の中に生きるという温かい感覚が生まれると、深刻な喪失感に陥ることはないようです。

このことはポジティブな死生観の醸成にもつながります。

抱いて看取ることでわかることは逝く人の体（特に背中）はしばらくの間温かいことです。逝く人の体のぬくもりを感じることで家族は「いのちのバトン」を受け取る体験（「魂のリレー」が完成する）をし、逝く人にとっても家族にとっても言葉にできないほどの大きな喜びと感動が与えられるとされています。

このような体験を通して、「自分の魂のエネルギーを子孫に渡し、それにより自分という存在が子孫に生き続ける」という死生観が生まれるというわけです。

「病院での死は冷たい。孤独死と言っても過言でないケースがある」と、患者の意思より病院の都合が優先される風潮に嫌気が差し、誰もいのちの責任を取りたがらない医療現場で働いてきた看護師が看取り士の姿勢に感銘を受けるようになっています。

看取り士の資格者の6割が看護師です。死と向かい合い感謝の心に触れることで感性が揺さぶられ、その過程の中で「死＝終わり」ではなく「死＝始まり」だとの気づきが生まれつつあります。自宅だけではなく病院や介護施設でも調整が付けば「いのちのバトン」を受け取ることができるようになりつつあります。

「望ましい死」

「『人が死ぬ』という事実を心と身体の両方で感じることで、その場の空気が変わりその場にいる人たちが清められます。このような一連の行為を通じて『死は怖い、忌むべきもの』ではなく、喜びであり、感動であるという考え方に変わります」。

と柴田氏は述べています。この言葉はまさに、現代人の死生観（パラダイム）を変える「キーフレーズ」というべきものかもしれません。

かつて死の瞬間は周囲の者達と共有される神聖な体験でした。衰弱していく身体とそこから離れていく霊魂、その霊魂はどのようなものかという想像力の中で人間の死というものの厳粛さとリアリティがありましたが、看取り士の役割は現在の日本人がこのような体験ができるようにサポートすることです。

筆者は柴田氏が「望ましい死」という概念を提唱していることに注目しています。

望ましい死とはずばり「自分のエネルギーが『いのちのバトン』として家族にも受け継がれ、自分も家族の心の中に生き続けるという死に方」です。

柴田氏は看取りの際に「死なないで！」ではなく「もういいよ。安心して旅立ってね」と言ってほしいと望んでいます。

看取り士の活動を長年取材しているジャーナリストの荒川龍氏はその実践例（88歳の祖父の死に「おめでとう」といった孫）を紹介しています。注21

「祖父は多くの人に触れてもらい、笑顔で声もかけてもらえて幸せだったと思います。『死は悲しくて怖いもの』というイメージがありましたけど、悲しいのはそうだけど、それだけじゃない。人生をまっとうしたという点では『お疲れ様』だし、人生の卒業式なら『おめでとう』だし」。

筆者は、この孫の感想には正直驚きましたが、このことでわかることは子供にとっての死を「冷たくて怖いもの」にするのも「温かくて幸せなもの」にするのもすべて大人だということです。大人が肉親の死を必要以上に怖がって遠ざけ忙しさを口実に病院に任せ切りにすると、それを見た子供達は「死は冷たくて怖いもの」と思ってしまうのです。

一方柴田氏は次のような苦言も呈しています。

「社会的な成功によって得た資産などが逆に看取りに際して足かせになる場合が多い。資産を守ろうと周囲に対して疑心暗鬼になり孤独感を募らせるからです。幸せに死ぬにはむしろ余計なものは持たない方が身軽で良い」

「中高年で元気な人たちが死の問題から逃げていますが、看取りの体験は特に自己否定の感情が強い男性に大きな変化をもたらし、人生の優先順位が変わるはずです」。

柴田氏のこの言葉に、はっとさせられるのは筆者だけではないと思います。

「死」が怖いという感情は、死ぬこと自体よりも死んだ後、自分の存在が忘れ去られてしまうという恐れに由来するとすれば、自分が遺された家族の心の中に生き続けるとの確信により、「死」は「残念な敗北」から「人生の大切な締めくくり」に変わります。

「人生の99％が不幸でも残りの1％が幸せならば、その人の人生は幸せなものに変わる」というマザーテレサの言葉が心の支えという柴田氏は、「1人住まいの高齢者でも看取り士との交流の中で前向きな死生観が持てれば孤独死にならない」と力説します。

宗教学者の山折哲雄氏は、

「後期高齢者になったら、人生の成熟期と考え、常に死を想定して生きることが大切、今こそ国を挙げて『理想の逝き方』について話し合うべきである」と述べています。注22 人生100年時代の人生モデルには人生の最期をどのように迎えるかという視点が不可欠です。

山折氏はそのモデルについて「人間が神に最も近い翁として成熟しうるという考え方をベースにした人生観をつくるべき」とも述べています。注23

人間の成熟のプロセスを経なければ「死」という難問には直面できないからです。

山折氏はこのような考察を踏まえ「高齢者介護の究極は宗教介護」であり「そのときの介護の中身は『魂の看取り』」だと指摘します。注24

魂の看取りは言葉ではなく気配です。個別的なものであり、具体的なものです。まさに千差万別の様相を呈することになりますが、この「魂の看取り」という無定形な介護の仕事はこれからますます重要になります。

「死後生」という考え方

ケアタウン小平クリニックの山崎氏も看取りについて積極的に発言しています。

「人生の先輩が、自らの変化してゆく姿をしっかりと子供に示すことが大切であり、最大のデス・エデュケーション（死への準備教育）となる。自分自身の死を通して残された者に『こうやって死ぬのだ』『こうやって死んではいけない』という2つを教えることができる。自身の『ペイン』を次世代の『ゲイン』に繋げて死を全うすると考えれば、自分の死は大切な人に残すかけがえのない贈り物になる」。注25

山崎氏はさらに「自分はどのような『死後生』を残せるかを意識し、その『死後生』をより良い

ものにするために、いかに『今』を生きるのかが問われている」と主張しています。注26

「死後生」とは「肉体はなくなっても、人の生きた証（精神性、心）は大切に思ってくれた人の心の中で生き続ける」という考え方であり、「死後生」は残された人々の人生を豊かに膨らませるほどの力を持つとされています。

「死後生」という考え方の生みの親である柳田邦男氏の言葉にも耳を傾けてみましょう。

柳田氏が「死後生」という考え方に至ったのは、精神を病んで自殺した次男がたびたび問いかけてくるという「体験」をしたことがきっかけです。注27

柳田氏が主張する「死後生」は「人はたとえ肉体は滅びてもその死後において魂は生きている、または『精神性のいのち』は生きている」というものです。注28

柳田氏は今までのライフスタイルの考え方（人間というものは生まれてから徐々に成長して最高潮に達した後、老化など「下り坂」となって死で終わる）を否定するわけではありませんが、ただ「精神性のいのち」は生まれてから下ることなく最後まで上昇し続ける、特に死を前にしてジャンプするように急成長することさえあるという発想です。その人の生き方、口癖として遺した言葉、生きた証しなどが、遺族や親友、社会的な関係があった人などの心の中で生き続けます。

柳田氏はさらに「死後生はなお成長する」と主張します。注29

「おじいちゃんがいつもこう言っていた。こういったときはどうしたらいいのか、そうだ、おじいちゃんはこうしていた」と思ってもらうことで、後を生きる人の人生を膨らませられるからです。「死後生」という発想に立てば「自分で死を創造できる」とまで柳田氏は言い切ります。注30

人生では思うようにならないことが山ほどありますが、「死ぬ」という仕事ぐらいは自分のプロジェクトとして社長になったつもりで、自分の死をマネジメントできれば、最高の死の迎え方と言えるのかもしれません。

このように看取りの文化の復活は喫緊《きっきん》の課題なのです。

「死生観」のパラダイムシフト

柳田氏などの著書を読んでいると、ヴィクトール・フランクルという名前がたびたび登場します。フランクルについては自らのナチスの強制収容所の体験記である『夜と霧』が世界的ベストセラーになったことで有名ですが、その時の体験を元にフランクルは「ロゴセラピー」という独自理論を提唱し、「生きる意味」に悩む多くの人々を救い続けました。

日本で著名な精神分析学者と言えば、フロイトやユング、最近ではアドラーが挙げられますが、フランクルのことがもっと注目されてしかるべきです。

強制収容所という過酷な環境でも自分のことではなく仲間のことを想う高潔な態度によって自ら

の生をより意味深いものにする姿を目撃したフランクルは、「人生は最後の息を引き取るときまで意味のあるものに形づくることができる」[注31]と主張しました。

「死の直前であっても態度選択の自由は保障されており、悪魔になるか天使になるかは最後の自分自身の意志であり選択である」[注32]というフランクルのメッセージは人生に絶望しかけた人々の魂を揺さぶる力を持っています。

「人生全体には意味も目的もないが、生に対する本能的な執着や情熱がある限り、人は何らかの物語に己を託して生きていかなければならない。死が生を規定する構造として自然な形で入り込んでいるという理解は、現代に生きる私たちの身の丈に合った新しい『生の物語』を開く可能性となる」。[注33]

このように指摘するのは「死」の問題を探求する哲学者の小浜逸郎氏ですが、宗教の力が弱体化した現在、これに代わる機能をどこかに求めなくてはなりません。

高齢者の「死」は長くて緩慢であるケースがほとんどあることから、条件さえ整えばその最期を自らプロデュースすることが可能な時代となりました。

宗教が通過儀礼の機会を与えられなくなった現代において、宗教に代わる代替手段となっているのが日本看取り士会などの活動ではないでしょうか。

「望ましい死」という概念に賛成できない方がいらっしゃることでしょう。「死に価値付けすることは不謹慎だ」との批判があるかと思いますが、死全体をタブー視していては未曾有の多死社会を生き抜くことはできません。

第2章
パラダイムシフトが進む「家族のあり方」

パートナーも子供もいない人は
友だちのことを真剣に考えるべきである。
血が繋がってなくても
一定の時間生活を共にしたという事実が
家族の本質になる。

藤野　寛

「超ソロ社会」の出現

多死社会とともに日本で確実に到来することが見込まれるのが「超ソロ社会」です。超ソロ社会とは、国立社会保障・人口問題研究所が２０１２年に出した予測を踏まえ、荒川和久氏が２０１７年に命名したものです。注1　２０３５年に15歳以上の全人口の５割が独身者となり（約４８００万人）、高齢者人口（約３７４０万人）を上回るという予測です。

国立社会保障・人口問題研究所は２０１９年４月にも「２０４０年に１人暮らしの世帯は全世帯の約４割（１９９４万人）となり、75歳以上の１人暮らしも５００万人を超える」との予測を公表しました。

１９６０年時点で５％に過ぎなかった１人暮らしの世帯数は２０１５年で既に約35％になっています（日本の１人暮らしの世帯数は世界第３位）。

独身になる理由は未婚や配偶者との離別・死別です。

２０１５年の国勢調査によれば、生涯未婚率（50歳まで一度も結婚したことがない人の割合）は男性が約23％、女性は約14％に上昇しましたが、２０３５年にはそれぞれ約29％、約19％となるとの予測があります（『平成27年度版厚生労働白書』）。

１９２９年から１９５５年まで家族の構成員数は５人程度とほぼ横ばいでしたが、その後核家族化、出生率の低下などで家族の構成員数は急激に減少しました。20世紀末のバブル崩壊により経済的格差が拡大し、「家族を作れる人」と「作れない人」が日本社会を二分するという現象も進んでいます。

結婚していてもけっして安心できません。結婚しようがしまいが、誰もが「独身で生きる」ことを真剣に考えなければならない時期に来ていると言っても過言ではないのです。

日本では約１０００万人が様々な縁から絶たれ、孤立している状況にあるという調査結果があります。注2 65歳以上であれば介護保険制度があるなど支援の目が届きやすいのですが、65歳以下にはこのようなセーフティネットはありません。

このように日本の社会では家族の絆を求めながら真逆の現象が起きているのです。

２０１１年に放映された新しい家族の形（疑似家族）を描いたドラマ「マルモのおきて」の主人公は亡くなった親友の子どもと迷い犬と同居する男性でした。このドラマのように、「家族範囲は主観的に決まる、家族は血縁、役割、形態で決められるのではなく、親しい友人や知人、人間ではないペットやパソコンまで『自分が家族だと思えば』それは立派な家族である」という時代になったのかもしれません。注3

平成の時代は家族のモデル（標準形）がなくなった30年でした。目指すべきモデルがなくなったことで、家族のあり方を日本人1人1人が考えざるを得なくなったのです。

団塊ジュニアの老後をどうするのか

社会が超ソロ化する中にあって最も深刻な打撃を受けるのは、団塊世代とともに人口のボリュームゾーンを成している団塊ジュニア世代ではないでしょうか。

団塊ジュニアとは1971年から74年までに生まれた世代を指します。生まれた子供の人数のピークは1973年の210万人で第2次ベビーブームとも呼ばれました。

団塊ジュニアの親の世代は1947年から49年までに生まれた世代で、1949年に270万人の子供が生まれています。

第1次ベビーブーム、第2次ベビーブームというこれまで通りの結婚や出産のパターンであれば、第3次ベビーブームが起こるはずでしたが、団塊ジュニア世代の未婚率の上昇によって第3次ベビーブームは起こらず、日本の少子化はとどまることなく進みました。2018年の出生数が92万人となり100万人割れが定常化してしまいました。

団塊世代の女性は30代前半ではほとんど結婚していましたが、団塊ジュニア世代では3分の1が未婚のままでした。40代前半の未婚率は団塊世代では5.8%でしたが、団塊ジュニア世代は19.3%と5

人に１人が未婚のままです。

団塊ジュニアはバブル崩壊以前は豊かな消費生活を謳歌していましたが、大学受験でもっとも高い倍率を経験したにもかかわらず、就職を迎える時期にバブルが崩壊し、就職氷河期に遭遇してしまいました。自らの希望する職に就くことができなかった人が圧倒的に多い世代だと言われています。前の世代と比べ、団塊ジュニア世代は正規職に就けなかった人が多いだけでなく、正規職に就いた人でも賃金がそれ以前の世代より低い傾向があります。

10年以上にわたり安定した雇用に就けなかったことでその後の結婚や子育てなどを行う余裕がなかったことが団塊ジュニアが子供を産めなかった大きな要因なのです。

「失われた世代」と呼ばれた団塊ジュニア世代も50歳に近づき、その先の老後が視野に入りつつあります。

団塊ジュニア世代が現在抱える問題の一つ目は親の介護です。この問題をクリアできなければ介護のための離職の憂き目に遭います。

次は老後に年金がいくらもらえるかです。納めた年金保険料に対する生涯受け取る年金額は1.3倍に過ぎません（団塊世代は2.4倍です）。

最後でかつ最大の問題は自らの介護です。彼らが最も恐れているのは認知症になることです。対策として考えられるのは、貯金、そして健康維持ぐらいしかありません。

団塊世代が全員後期高齢者となる２０２５年には1.8人の現役で１人の高齢者を支えることになります。そしてこの比率はどんどん下がり続け、団塊ジュニア世代が全員高齢者となる２０４０年には1.4人の現役が１人の高齢者を支えることになりそうです。

団塊ジュニア世代以外でもつい最近まで雇用状況は深刻だったことから、35～54歳の年齢層で非正規雇用労働者として働く「中年フリーター」は約２７３万人に上り、同世代の10人に１人を占める規模に達しています。注4

総務省によれば、２０１６年時点で親と同居する35～44歳の壮年未婚者は２８８万人いますが、そのうち基本的な生活を親に依存している人が約52万人です。親が死亡した場合、彼らは深刻な生活難に陥る可能性があるのです。

総務省は２０１８年７月「自治体戦略２０４０構想研究会」報告書を公表しました。

２０４０年は人口減少と高齢者人口がピークを迎えることから、行政の運営が最も厳しくなる時期です。２０４０年の人口減少は90万人に達することから、人口規模は１億１０００万人へと大幅に減少します。高齢者数がピークを迎える２０４０年に社会保障給付費が現在の1.6倍、介護費が2.4倍、医療費が1.7倍になります。

「団塊ジュニアの老後に初めて光を当てた」として注目を集めた報告書ですが、事態の深刻さはひしひしと伝わってきます。しかも、めぼしい対策は見当たりません。

収入が少なく老後の蓄えが十分とはいえない「中年フリーター」、政策の失敗が引き起こした被害を被った世代にどのような保障を政府は与えられるのでしょうか。

彼らを巡る環境は過酷で個人の努力でどうにかなる段階を超えてしまっており、これまでの家族のあり方や社会保障制度などあらゆるシステムが変わらざるを得ません。

スウェーデンで普及する共同墓

日本では「助けが必要な高齢者の世話は主に誰が担うべきか」という問いに対し、60％の人が「家族」と回答し、「政府や自治体」とする割合は21％に過ぎませんが、福祉大国と呼ばれるスウェーデンでは「家族」と回答する割合は10％に過ぎず、84％が「政府や自治体」が高齢者の世話をすべきだとしています。注5

高齢者の介護を家族ではなく社会や国家が担うという方向に進んだスウェーデンでは、1960年代以降、高齢者介護サービスの充実と並行して共同墓のスタイルが一般化したという興味深い事実があります。

スウェーデンで共同墓が認められたのは1957年の埋葬法の制定からでした。「高齢者への責任は家族ではなくコミューン（日本の市町村に該当）」とする社会援助法がこの年に発効しています。

スウェーデンの共同墓はミンネスルンド（追憶の木立）と呼ばれます。共同墓への納骨や散骨は墓地の職員が行い、遺族や友人が立ち会うことはありません。遺族らは花壇や十字架などのシンボルの前で故人だけにではなく共同墓全体に向かって祈りを捧げることになります。家族や資産の有無、生前の功績に関係なく徹底的に死者の平等性を重んじたスタイルであると言えます。

ミンネスルンドは１９８０年代から急速に普及し、現在５００カ所以上設立されています。２００５年には全死亡者数（約９万２０００人）のうち約14％の１万３０００人がミンネスルンドに埋葬されているそうです。注6 中でもストックホルム郊外にある「森の墓地」は有名で、20世紀以降の建築作品として初めて世界遺産に登録されました。

ミンネスルンドを選ぶ理由としては「遺族に迷惑をかけたくない」「自分の墓の手入れがされなくなる事態を避けたい」などです。注7

スウェーデンでは12世紀に「生者は死者の冥福に関与できない」と考えるキリスト教の浸透により「祖先崇拝」という風習は廃れたと言われています。ミンネスルンドへの散灰について当初キリスト教関係者は「死後の魂が自然に溶け込んでいくという異教の考えである」として反対していましたが、スウェーデンではより多くの人が「魂は新しい人間の体へ生まれ変わる。主イエスも含む大いなる自然に人間が帰っていく」という死生観が定着しつつあるようです。注8

キリスト教により禁止された「死者の冥福に対する生者の取りなしの祈り」も復活し、ミンネスルンドでも導入当初には想定されていなかった「私的追憶」も盛んになりつつあります。

私的追憶とは自身が知っている死者に対して個人的な情愛から墓参りを行うものです。スウェーデンでは万聖節（11月1日、キリスト教ですべての聖人を崇敬する祝日）での「死者への灯火」という形で私的追憶が一般的になりつつあるのです。私的追憶の場では血縁でなくても親族でなくてもすべて供養の対象となることから、血縁と親族という枠を越えていく契機があると言えるでしょう。

「すべての死者は『無縁』であるという考えがあって初めてスウェーデンのような公共的な福祉サービスを創り出すことができたのではないか」と、同国の福祉事情に詳しい大岡頼光氏は推測しています。注9

大岡氏はさらに「墓のスタイルはその社会に特有な人間の聖性への信仰のあり方を象徴する」と指摘していますが、注10 スウェーデンでは国民全体で葬儀にかかる費用を負担しようとする趣旨で税金を徴収しています（日本でも高齢の生活保護受給者の増加により多くの自治体で葬祭扶助費が増加傾向にあります）。

「家族」の枠から外れつつある埋葬形態

日本でも葬儀のあり方が変わりつつあります。

戦前までの葬儀は村が主体となって構成員を送り出す儀礼でしたが、戦後は関係者が遺族を弔問する儀礼に変わり、平成以降は亡くなる人自身の最後の自己表現の儀礼へと変わりつつあります。最近の葬儀の主流は家族葬（直系の遺族とそのほか親しい仲間で執り行われる葬儀、数人から数十人規模）となり、21世紀に入ると首都圏を中心に通夜・告別式をせずに火葬のみを行う「直葬」も飛躍的に増加しました。

思い返せばバブル期までの日本は死を考えるにはまぶしすぎる時代でした。戦時中や敗戦直後の混乱期に死者をまともに弔うことが出来なかったことへの悔いからでしょうか、社会が豊かになり墓や葬儀に金がかけられるようになると、人々は争って立派な葬儀を出すようになりました。日本の葬儀は次第に目に見えない社会のルールにより縛られ、一番悲しいときに悲しめない様式になってしまい、弔いの本質からほど遠いものになってしまいました。

その反動から、平成に入ると死を受け止める文化装置である葬式は、社会的コンセンサスを急速に失ってしまったのです。

現在一般化している「家墓」という形態は明治民法の導入以降流行したものであり、戦後「イエ制度」がなくなったにもかかわらず変わらず続いてきたものに過ぎません。庶民がお墓を持つようになったのは江戸時代ですが、その頃は個人単位や夫婦単位で作られた小型の石塔というスタイルが多かったようです。

継承者を前提とする現在のお墓のシステムは制度的に破綻を迎えており、全国で無縁墓が急増しています。官報に告示して1年以内に管理者からの申し出がない場合には「無縁」とし、墓の区画は整理され、遺骨は無縁仏を集めた供養塔などに合祀されます。

熊本県人吉市が２０１３年に実施した調査によれば、市有墓地の７割、民有地の墓地の４割が無縁墓でした。横須賀市では33人に１人が無縁仏となっています。注11

日本全体で年間約10万件の遺骨の引っ越し（改葬）が起きているのです。

日本の葬送事情に詳しいジャーナリストの瀧野隆浩氏は「葬送の担い手が地域社会→会社→家族（個人）へと移行した。現在起きている現象は『無形化』『有期限化』『共同化』だ」と指摘しています。注12

普及しつつある「共同墓」

日本でもスウェーデンと同様に「墓の共同化（生前に無縁だった人々が１つの共同の墓に入る）」などの動きが盛んになってきています。

一般的に「共同墓」と呼ばれるものは「合葬式墓地（仏教寺院では永代供養墓）」のことであり、不特定多数の他人の焼骨を預かり共同で焼骨を埋蔵または収蔵する施設、または埋蔵地（墓地）のことを指します。日本では1989年に誕生し（合葬式共同墓「安穏廟」、都市型合葬式共同墓「もやいの碑」）、その後1992年に墨田区多聞寺で「映画人の共同墓（映画を愛し平和と民主主義を支えた人々の墓碑の会）」が、2013年に千葉県市川市でNPO法人市川ガンバの会が中心となり「路上生活者のための共同墓」が設立されました。全国で700基以上の共同墓が建立されています（2014年時点）。注13

共同墓の中で樹林墓というスタイルが人気を集めています。樹林墓とは墓地として許可された区域に樹木を植え、その区域に遺骨を埋蔵する墓地のことです。日本で最初の樹林葬は1999年に岩手県一関市の祥雲寺が実施しましたが、その後東京都は2013年小平霊園内に死者の個別性を放棄し遺骨を自然に還るように設計した樹林墓を創設しました（現在1万体以上が眠っています）。認定NPO法人エンディングセンター（井上治代理事長）が進めている「桜葬」は「墓友」と呼ばれて有名です。注14

桜葬とは桜をシンボルとした樹林葬の一種です。エンディングセンターは2005年に東京都町田市の町田いずみ浄苑、2011年に大阪府高槻市の神峯寺境内に桜葬墓地を開設しました。その特徴は、①遺骨を土に還すという「自然志向」であること、②跡継ぎを必要としない非継承墓であり集合墓であること、③会員制をとり、会員同士の生前の活動を重視し、家族機能を代替するサポートシステムを備えていることなどです。③についてはエンディングセンターが桜葬墓地から10分ぐらいのところに「もう一つの我が家」と名付けた一軒家を設け、会員皆が食材を持ち寄り料理をして食べて、歌って楽しむという「墓友」活動を支援しています。

「墓友」に注目が集まっている背景には、夫に先立たれた妻達が夫とは別の墓に入りたいという希望の増加があります。「離婚は良くない」とされてきた時代に生きてきた女性達の漠然とした夫への不満が「夫婦別墓」という意識に向かわせているのです。

日本にはかつて夫婦が共に老い死んだ後は同じ墓に葬られるという「偕老同穴《かいろうどうけつ》」という考え方がありましたが、今や風前の灯火なのかもしれません。

「晩年は家族は頼れず、自分の最期を自分で選んで決めなければならない」社会の到来に備え、「介護・看取り・死後の祭祀は、家族を含むけれども第三者と縁を結ぶことによる相互扶助が重要になってくる」とエンディングセンターの井上氏は指摘します。そのキーワードは「血縁」から「結縁」です。注15

井上氏はさらに「樹木葬は先祖祭祀に代わるスピリチュアルケアになる」と述べています。『『家』の先祖として祀られるということで死後の生も続く（家族の永遠性）」という発想から「死んだら桜になって毎年桜の花が咲く頃咲き誇る（自然の永遠性）」という発想の転換です。注16

「死後も誰かとつながりたい」というニーズは各地で高まっています。１９９９年に設立された兵庫県高齢者生活協同組合が２０１４年に民間霊園の一角に共同墓地を建立しましたが、高齢者住宅でも共同墓地をつくる動きが出ています。

一方、高度成長期に盛んだった「企業墓」は衰退しています。高野山の奥の院にある霊園は企業墓のメッカでしたが、日本的経営が下火となるにつれて無縁墓が急増しています。

自然に還る散骨

海洋散骨もさかんになりつつあります。
２０１４年に設立された海洋散骨の業界団体である日本海洋散骨協会の初代代表理事の村田ますみ氏（現在は広報担当の代表副理事）によれば「現在年間1万件程度の散骨が行われている」そうです。注17
日本で初めて海洋散骨が行われたのは１９９１年です。ＮＰＯ法人「葬送の自由をすすめる会」が、「死者を弔う方法はもっと自由であるべきで死者を墓に入れて祀るという明治からの画一的葬法から自由な葬法を選べるようにすべきである。死後は海や山などの自然の大きな循環の中に還るということは、土地造成による環境破壊を防ぐ葬法であり、日本人が本来持ってきた自然との一体感を望む死生観が根底にある」と訴え、同年10月に相模灘で第1回目の海洋散骨を実施しました。
これに対し政府が「葬送のための祭祀で節度をもって行われる限り問題はない」との見解を出し

たことで「海洋散骨は違法ではなくなった」との認識が広がりました。

民間調査によれば「海洋散骨を希望する」人の割合は25％に上っていますが、「散骨したらおしまい」というのではなく、島根県海士町のカズラ島などで慰霊所が設置されているように「私的追憶」の要素が含まれているようです。

最近では「墓じまい（墓を撤去し墓石などを処分すること）」のために海洋散骨を選ぶケースも増加していますが、法律で明確に規定されておらず、実態が先行しているのが現状です（昭和23年に制定された墓地埋葬法は公衆衛生上の観点から焼骨の埋蔵について規制しているのみです）。

陸上散骨については周辺住民とのトラブルなどが発生したことから、自治体が条例で規制するケースも多いのですが、海洋散骨についてもガイドラインや指針が設定されることもあります。

海洋散骨の適正な執行を担保することを目的として設立された日本海洋散骨協会では、２０１７年に「海洋散骨アドバイザー検定」を開始しました。注18

共同墓や散骨に加え骨仏という納骨形態も静かなブームです。

骨仏とは寺に納められた遺骨を集めて粉にした後、セメントや土などの固化剤で固めて作った仏像のことを指しますが、明治20年に大阪市天王寺区の一心寺で「遺骨を使って大仏を作り永代供養した」ことが最初とされています。一心寺では２０１７年に14体目の大仏が完成しました。現在、毎年2万件近くの納骨依頼が全国各地の寺院に寄せられています。注19

亡き人の遺骨灰を墓に入れずに手元に置く「手元供養」も広がっています。鎌倉新書の２０１７年の調査によれば、購入した墓のタイプは「一般墓」が47％、樹林墓が25％でした。今や半数以上が一般墓ではない形式を選ぶ時代になったのです。

２０１０年に朝日新聞社が実施した死生観調査によれば、「自分の葬儀をしてほしい」という人の割合は20代と70歳以上で6割を超えますが、20代では「宗教色を抜いた形式にしてほしい」、「自然葬に関心がある」という傾向が強いようです。注20

２００６年に『千の風になって』という歌が大ヒットしたように、「墓から自由になりたい」「自分の死後は自然に帰りたい」と感じる人は今後ますます増加するのではないでしょうか。

縄文人に学ぶ関係性の組み替え

「人は死ぬとその個的存在を超越する自然霊体の中に融合回帰していく」。という考えが、日本やスウェーデンでも広がっていますが、このような死生観は今後定着するのでしょうか。

「昨今の死をめぐるさまざまな小説や映画、『千の風になって』『もののけ姫』『黄泉がえり』などのように、生と死のあり方を『回帰・再生・循環』という、いわば縄文的死生観のモチーフに基づ

きながら展開するものが多く見られる」。注21

このように指摘するのは縄文時代に詳しい考古学者の山田康弘氏です。

縄文時代の人々は、死者を日常から切り離すことはせず、自分たちの生活空間の中に取り込んでおり、あの世に送られた人やモノは、再生の儀式や儀礼、お祀りによって、やがてこの世に回帰してくるという死生観が主流でした。

弥生時代になると墓が生活空間から切り離され、住居内への埋蔵もほぼ皆無となり、自身の歴史的立ち位置を直線的に捉える「系譜的死生観」が強くなり、近代国家が誕生していく過程で国民を統制する観点から「系譜的死生観」一色となりました。

しかし「死後は自然に還るという発想」のほうが根源的なもののようです。

海洋散骨や樹林葬などの自然葬の流行について山田氏はこう述べています。

「何らかの精神的な拠り所が希求されており、その受け皿として『回帰・再生・循環』という縄文的死生観が機能し始めているのだろう。個人主義が台頭した現在、ホモサピエンスが最も古くから親しんできた回帰再生を基本とする縄文的な死生観が脚光を浴びるのは自然である」と指摘します。注22

注目すべきは縄文時代後期初頭の時期に関東地方において多数合葬・複葬例（いったんは個々の墓に埋葬した遺体を再び掘り起こし何十体もの遺体を一カ所の墓に再埋葬したもの）が行われたことです。この現象が発生したのは、気候変動の影響で集落が一旦小規模化した後に再度大型の集落が形成されるようになった時期に当たっています。

このことについて山田氏は、

「集落が新規に開設される際に、伝統的な血縁関係者同士の墓をいったん棄却し、異なる血縁の人々と同じ墓に再埋葬することによって、生前の関係性を撤廃し新規に関係性を再構築するものであり、集団構造を直接的な血縁関係に基づくものから地縁的な関係性に基づくものへと再構成する行為であったと理解できる」と述べています。注23

生者のネットワークを再編するために死者のネットワークが再編されたという歴史的な事実は、極めて示唆的だと思います。

若者達の死生観

死のタブー化が強い日本で死生観について語られることは少ないのですが、中年以下の年齢層の死生観にはどのような傾向があるのか見てみましょう。

現在の日本人の平均年齢（総人口の中央年齢）は46歳前後です。46歳前後と言えば団塊ジュニアの世代に当たりますが、彼らの死生観に関するキーワードはスピリチュアリティ（聖なるものに触れる経験）です。

団塊ジュニア世代がイメージする死後の世界は、現世よりも明るく死ぬと多くは浄化コースをたどり、十分に休息を取ってから先祖にはならずに生まれ変わるというものです。

人間は「聖なるもの」に引きつけられる生き物です。「聖なるもの」とは日常の事柄とは区別して扱われるべき特別な価値を持っているものを指します。

「聖なるもの」は心の支えや励ましになることから、団塊ジュニアがスピリチュアリティに関心を持つのは当然ですが、この世代は組織を嫌い「宗教」との差別化を意識した個人主義的な色彩が強いという特徴があります。注24

民俗学者の新谷尚紀氏は「死者はあの世で寒さにふるえ飢餓に苦しみ衣食を求めるような存在ではなく、死後の人々はこの世と同じ快適な衣食住を得られる存在であり、相手のいないさみしさを互いに分かち合えるヴァーチャルながらもフレンドシップを共有し合える関係になってきている」との見解を示しています。注25

死者はかつてのように祟りをもたらす存在ではなく、親愛なる故人として「そこにいてほしい」と思われる存在に変わったようです。

団塊ジュニアの死生観が顕著に現れたのは、2013年8月に放送された「NHKスペシャル　東日本大震災　亡き人との再会～被災地　三度目の夏に～」という番組です。

亡き人は「幽霊」ではなく、あくまで個人的に実感される普通の体験と認識されていることがわかります。

番組の中で精神科医がこのような体験を「科学的にはあり得ない」と切って捨てるのではなく、「自分たちよりも死者の力の方が遺族をケアしている。霊の存在は別としても、亡き人が人の心の中に生き続けていること、亡き人が今を生きる人の生を支えることはありうる」と語っていました。死別を体験した人が生きる支えとする「死者の力」を個人的な物語として尊重し、傾聴するという態度がとても印象的でした。注26

このような現象について宗教学者の正木晃氏は「東日本大震災では怖くない幽霊、家族を優しく見守る幽霊、とにかく会えてうれしいと思わせるような幽霊が登場した。優しい幽霊の出現は近代化の末路がはっきり見えてきた今、日本人の心に何か新しい感性が生まれつつあることを示唆している」と指摘します。注27

毎日の暮らしの中で普通に思い出し会話にも登場させることが、一番納得できる「亡くなった家族」との付き合い方になってきているのではないでしょうか。

「供養を経てホトケとなりさらに浄化され個性をなくして先祖や土地の神となる」という、かつて主流だったいわゆる「葬式仏教的死生観」は賞味期限切れとなり、生者と死者の情緒的交流が当たり前のものとして捉えられ幅広い共感が寄せられる「スピリチュアリズム的死生観」の時代になったのかもしれません。注28

スピリチュアル的な死生観を有する彼らの多くが霊や死後の世界を信じているようですが、この感性が何らかの共同体的な精神に昇華しているようには見えません。

家族の役割は「看取り」

「5割以上の独身者は来世でも『おひとり様』の人生を望んでいる」。

葬式の総合情報サイト「いい葬儀」などを運営する鎌倉新書は2018年6月、40歳以上独身男女の死生観に関する意識調査結果を公表しましたが、52.5%が「現在の生活に満足している」ことを理由に「来世も配偶者なしでいい」と回答したようです。

独身者がマジョリティになる社会（超ソロ社会）では「孤独死」の数が飛躍的に増加するのは言うまでもありません。『2016年版高齢社会白書』によれば、1人暮らしの4割以上が「孤独死を身近な問題と感じている」と回答しています。

団塊ジュニア世代以下でも2005年9月のNHKスペシャル「ひとり　団地の一室で」が放映されたことを契機に「孤独死」に対する関心が高まりました。

「死んでも誰も悲しんでくれないのは惨めである。そうならないためにまだ元気なうちに何をすべきか考えて行動しておくべきだ」と宗教学者の正木氏は危機感を募らせています。注29「来世も配偶者なしでいい」と回答した独身男女は自らの「臨終」について真剣に考えているようには思えません。むしろ死を考えることの不安から逃げているのではないでしょうか。

「何人も他人の死を自ら経験することができないからそれは不可知な出来事である」と一般的に言われています。しかし、哲学者の小浜氏は著書（『人はなぜ死ななければならないのか』）の中で「人は死を日常的に経験している『別れ』と称する状態の究極の姿として捉えている。人は昔から死が何であるかについて共通の潜在意識を持っていた」と主張します。注30

幼児は3〜6歳までの間に「人間はいつか死ぬものである」という自覚をはっきりと持つようになり、この頃から子供の情緒的な表現、つまり心的な世界は急速に豊かなものになっていくと言われています。このことは乳幼児と母親の一体感が破られ、身体的な接触から心的な接触へと徐々に置き換えられていくこと、すなわち、「母親の不在（死）」を経験することで情緒的な感覚が芽生え、人間は互いに同類として認め、相互に交流を可能にするような心身の構えを具備していくようになることを意味しています。

小浜氏はまた「一見逆説的に聞こえるが、『彼も私もいつか必ず死ぬ』という確信が、人間の自覚的・情緒的な同胞意識の基盤をなしている。個別的に死ぬという根源的な寂しさが人をして互いに寄り集まらせるのである」と述べています。注31

自分を含めて人はすべてばらばらに死ぬという共通の確信があるからこそ、生きて共にある間は共に何かをしようという必要性の感覚と情緒的な共感能力が育つのです。
小浜氏はさらにヘーゲルの考えに基づいて次のように主張しています。
「孤独のまま死へ向かっていくことに耐えられる人だけが結婚しない選択をする。家族を形成して子供を産み育てることは誰も看取るもののいない孤独なあり方のまま死んでいく事態に対する防衛の意味がある」。注32
ヘーゲルは『精神現象学』の中でソフォクレスの悲劇「アンティゴネ」を題材にして「家族の使命は死者を適切に埋葬することである。家族とは死者を手厚く葬ることによって不滅の個人態として死者を復権させる使命があり、それが家族が有する共同性たるゆえんである」としています。注33
結婚をして家庭を持つことはこれから見込まれる自らの生涯を誰と共に過ごすのかについて具体的なイメージを与えることです。「魂の看取り」は同じ時間を共に生きてきた夫婦でしか通じないものでしょう。
私たちは普通に家族生活を楽しみながらそのことを通して死者を手厚く葬るための準備をしているのであり、人間は家族の中で互いに自分たちが緩慢に死んでいくプロセスを日々看取りながら生きているというわけです。個人の運命の行き着く先は「死」であることから、家族の共同性とはその成員の死を看取る共同性なのです。
若者が結婚しない理由として、①結婚の社会的重要度の低下、②性欲の低下、③女性の労働参加の拡大、④家庭内労働力の必要性低下、⑤勤労者所得の伸び悩みと専業主婦家庭の呪縛、⑥育児コストの上昇などが挙げられています。注34

明治安田総合研究所が40〜64歳の男女を対象に「認知症になったとき、家族や親族で介護してくれるのは誰か」とたずねたところ、未婚者の過半数が「誰もいない」と回答したように、老後に身内に頼れない未婚者が多いことがわかっています。注35

結婚しない若者たちも看取りの共同性を考慮に入れれば、その答えは違ってくるのではないでしょうか。

新しい家族のかたち

２０１６年の内閣府の調査で「インターネット上における他者やコミュニティが困ったときに助けてくれる」と考えているのは22％に過ぎないことがわかりました。これに対して「家族・親族」は78％、「友人」は65％です。ネット社会と言われていますが、孤立を防ぐためにはリアルな人間関係に頼るほかないようです。

信頼できる仲間をつくるためには「共にいる時間の長さ」が必要だからです。

「世界で最も貧しい大統領」として知られるウルグアイのホセ・ムヒカ氏が日本の若者を前に講演

した際「ぜひ家族を持ってください。家族というものは単純に血の繋がった家族ではない。同じように考える人を『家族』と考えるという意味です。人生をひとりで歩まないでください」と語りかけました。注36

米国では血の繋がりがない人々から成る「拡大家族」という実験が行われていますが、集まってくる人の多くは深い傷を負ってうまく社会に適応できなくなった人たちです。注37

敗戦直前に『先祖の話』を出版した民俗学者の柳田國男は、子孫を残さずに亡くなった戦死者が供養する者がいない死霊となることを忌避するとともに敗戦後も日本の伝統的な信仰が維持されることを切望し、「イエの存続」を声高に叫んでいたことは有名です。しかし柳田はその後「戦後の民法が定着すればやがてイエの括りは弱くなる」として、「近い将来イエの寿命は尽きる」とその希望を捨てました。注38

イエに取って代わるものとして柳田は「群」を掲げ、「友だち」と呼ばれる同齢者集団の可能性に注目し、人生の最後に至るまでその実現のあり方を模索していました。

先述の「墓友」の動きを見たら柳田は「我が意を得たり」と思うかもしれません。

博報堂生活総合研究所が10年おきに行ってきた家族を対象とした調査によれば、「自分の親しい友人は家族のようなものだと思う」と回答する人が１９９８年以降増加しています（２０１８年のデータによれば、「友人が家族だ」と回答した夫の割合は40％、妻は49％）。家族の概念が血縁と無関係なものへと広がる可能性を示す動きです。

「家族という制度がぐらつく中で友情の重要性は増しつつある。人生の時間の延長と相関して人間の一生の中で家族が担うべき役割が相対的に小さくなっており、友情は高齢者にとってこそ魅力的で興味深い人間関係である」。注39

このように指摘するのは哲学を研究する藤野寛氏です。著書『友情の哲学』の中で、アリストテレスの主張を参考にしながら友情とは、①他者に惹かれること（時を共に過ごし互いに喜ぶ）であり、②相手のために良かれと願うことであると主張します。注40

藤野氏はさらに「友情は青年の特権のように思われているが、高齢者こそ友人が必要である。老後のケアを期待しての友情関係は不純だからといって切り捨てるべきではない。自律する人間同士の間の友情からケアを必要とする者たちの友情となってもよいのではないか」と述べ、さらにこう主張します。

「パートナーも子供もいない人は友だちのことを真剣に考えるべきである。血が繋がってなくても一定の時間生活を共にしたという事実が家族の本質になる」。注41

このような思いから藤野氏自身も「ゆる友」の確保に努めているそうです。注42

漫画『うつヌケ』（うつから抜け出した人たちの体験談）の作者である田中圭一氏も「自分に属性が近いと思える友だちをたくさん持って積極的に交流した方が良い。自分の考えに賛同してくれる

人が１人いるだけで全然違う」と指摘しています。注43

自分の弱さや悪さを含めて相手にさらけ出し、その上で信頼関係を築くことが肝心です。

従来の血縁家族に代わる「親密圏（友人や恋人、共通関心で繋がる仲間など）」を真剣に模索する時代になったと、筆者も痛切に感じます。

血縁家族に代わるスタイルとしてコレクティブハウスという概念が１９６０年代にスウェーデンで誕生しました。働きながら子育てすることの不安を解消するために、食事や子育てを居住者同士でシェアするという発想です。

共用の広々としたリビングやキッチンがあるコレクティブハウスではコモンミールが特徴です。コモンミールというのはハウス内の住人同士がおしゃべりをしながら会食する場のことを指します。居住者の食事を当番制でつくってみんなで食べるという仕組みです。

実は戦前の日本にも同潤会というコレクティブハウスがありました。

同潤会が誕生したのは関東大震災直後の１９２４年5月です。文字通り壊滅した東京と横浜を中心に誕生した日本で最初の公的住宅供給機関でした。「都心には防災・耐震性に優れた鉄筋コンクリートのアパートメントを」という理念の下、同潤会アパートメントの居住スペースは狭小でも、そこに暮らす住人達のために、あふれんばかりの共同施設がつくられました。そこは常に皆が顔を合わせる場所であり、会話が生まれ、生活する者同士に信頼関係が生まれました。主な共同施設としては、食堂、浴室、娯楽室、児童遊園、洗濯場などが挙げられますが、住人がそこに集まって楽しみながら生活していました。そこから生まれた住民意識が、結果として「死をも共有し合い、看取り合う意識」を生んでいたそうです。注44

血縁家族の呪縛を超える

スウェーデンは日本に比べて労働分配率や社会保障比率が高いことが知られていますが、高齢者の支援を社会全体で行うべきというコンセンサスがその背景にあります。

日本では「本来介護は身内の者がすべきである」として公的サービスに頼ることを良しとしない風潮が残っています。このため、シェルター機能が弱体化している血縁家族に求められることが多すぎます。いわゆる「家族主義」が社会に対し「救い」を求めることを阻害しているように思えてなりません。

なぜスウェーデンでは高齢者の介護を家族ではなく社会や国家が担うという方向に進んだのでしょうか。

「スウェーデンでも20世紀初めまで老人と子供の間に同居や扶養の規範があったが、スウェーデンの『家』には開放性があった」。注45

このように指摘するのはスウェーデンの福祉事情に詳しい大岡氏ですが、スウェーデンでは「家」はもともと外部に対して開かれており、血縁だけでなく外部の人間を受け入れる開放性をもっていました。

スウェーデンでは20世紀初頭まで「隠居契約」という相続と引き替えに高齢者の生活を保証する契約が親子世代間で結ばれていました。特に借地農民の間で非親族間で隠居契約が結ばれるのは一般的だったことから、親族でない者が親族関係とみなす手続きをとることなしに「家」に受け入れられていたそうです。注46

このような伝統をベースにして、スウェーデンは家族共同体を福祉国家という国家共同体（国民の家）に拡大させることができたというわけです。

日本の「家」もかつては非血縁の奉公人を含むなど血縁を突破する一種の開放性をもっていました。「自分と血縁のある高齢者だけが貴い」というのが現在の日本の一般的な考え方ですが、かつての日本はそうではありませんでした。

江戸時代の日本ではスウェーデンと同様に、養子を取ることは極めて一般的な慣習であり、血のつながりをさほど重視していませんでした。現在の住民票に相当する人別帳には実子か養子かという区別はありません。

江戸時代後期の武家社会では全相続者の約40％が養子だったようです。

明治になって戸籍制度が確立したことですべての国民が「家」に所属することが定められ「子供は生みの親が育てるべきだ」という考えが、大正・昭和と時代を経るとともに強まっていったようですが、「家に他人がいる」ことが戦前の常識でした。親戚が居候したり、住み込みの女中さんがいたり、まったくの他人に空き部屋を貸して家賃を取る「間貸し」も普通だったように、日本の家族形態は多様だったのです。

戦後になっても1950年の未成年との養子縁組は約4万4000件ありました。その後減少を続け、1990年以降は1000件を切ってしまいました。

私たちは運命共同体

都会ではハード面もソフト面も整備されており、ライフスタイルに合わせて選ぶことができますが、地方では訪問介護ステーションの数が少ないなどの問題があります。病院はなく介護施設も十分に足りているとは言えない滋賀県の山間部にある永源寺地域(人口5400人、高齢化率34%)に2000年から派遣された医師の花戸貴司氏は、自然と暮らす永源寺地域の人々と接するうちに「安定した人生こそが元気な暮らしにつながっている」と感じるようになりました。注47

「田舎ならではの『煩わしさ』の積み重ねがあるから、医療や介護が十分ではなくても安心して暮らしていける。煩わしさの積み重ねは将来その地域から返ってくる蓄えとなり、お金とは違う『地域のつながり』や『お互いさん』というかたちでの貯金（きずな貯金）のようなものである」とする花戸氏は、都会の人々に向けて「皆さんが住んできた地域、長らく付き合ってきた友人や同僚、同じ趣味を持つサークルの仲間など自分が『きずな貯金』を蓄えられる人たちとのつながりをつくろう。その蓄えこそが老後を安心して過ごすことが出来る一番大きな備えである」と新たな社会保険の必要性を訴えます。注48

社会保険の原型は中世の欧州都市で誕生したギルドの互助制度（養老制度）だと言われています。同業者の集まりであるギルドは、同じ職業という社会的関係と同じ守護聖人をもつ宗教的関係によって結ばれていました。ギルドの構成員は祭事や埋葬に参加し、相互扶助の義務（怪我人や病人をケアし、高齢者や構成員の遺族の生活を支える）を負っていたのです。弟子達がマイスター（師匠）の老後の面倒を見る行為を繰り返してきたのですが、現在の日本では上意下達のマイスターと弟子のような関係ではなく、もっと緩やかな仲間のような集団が望ましいと思います。

1人で老後を迎える人にとっても安心して死ねる社会の仕組みが求められていますが、社会集団は本来成員の中の最も弱い者でも自尊感情を持ちつつ生きられるように制度設計されていたはずです。

例えば、欧州の基礎自治体が行政機関として機能しているのはカトリックの教区を基にした行政単位です。街の中央に教会があり、教区民がそれを中心に統合されています。この宗教的共同体がそのまま行政単位になっています。

日本の場合でも、基礎自治体の多くは墓地や祈りの場を核にして出来上がったのではないでしょうか。霊的なものを中心とした周囲に同じ死者たちを悼むものの集団が形成され、ともに祭祀儀礼を守り、その集団が行政単位になったのでしょう。コミュニティの核は世俗の営利とは別の次元で運営されている場であることが理想的だからです。非世俗的な場所は世代を超え時間系列を超えて継承されていくものによって統合されています。住民間の自発的な相互支援・相互扶助のネットワークを支えるのは「私たちは運命共同体だ」という思いです。

死は事実ではなく概念であり、葬儀や遺体の処理の仕方は社会や文化によって大きな違いがあります。多死社会が到来する日本では今後葬送分野の変化に追随する形で家族をはじめとする社会のあり方が大きく変わる（パラダイムシフトが起こる）と思います。

第3章
人を人たらしめるスピリチュアリティ

生産性に自分の価値を見出さなくても
良いと思えるようになると
どんな状況でも自分に価値があると思える。
助けてもらうことで助けている人が
「貢献感を持つ」ことに貢献している。

岸見 一郎

「自立」とは何か

日本では「人が貧困に陥るのはその人の努力が足りないからだ」という考え方がいまだに根強いですが、このような考えが定着したのは江戸時代の後半だと言われています。

高度経済成長期以降は「非効率」または「生産性が低い」といった理由で、高齢者や障害者、子育て中の人たちを経済社会から排除してきましたが、これまでは排除される人々が少なかったので「効率的な」人々が儲けたお金を税という仕組みで配分することで賄ってきました。しかし多死社会の到来で従来のやり方は大きな変容を余儀なくされます。すなわち「生産性や効率性」といった概念や価値観のパラダイムシフトが求められているわけです。

多死社会の到来に備えるために最も必要なのは、社会が「老いる」ことを理解し、「死ぬ」ことを受け入れ、自分にとって、家族にとって、そして社会にとって「望ましい死」とは何かに思いを巡らすことです。

近年、社会全体のソロ化や高齢者の孤立化が進み、自らの死を準備することが困難な人が増えていますが、最期まで寄り添ってくれる誰かがいることが大切です。

死に至るまでの長い過程を介護されるというのは決して特別なことではなく誰しもが迎える普遍

的なことです。「自分もそうなるのだ」という想像力を持ち、「介護を積極的に引き受けていく」覚悟が必須になりつつあります。

これからの日本は「不完全な自分、不完全な他人を認める社会」になっていかなければなりませんが、そのために不可欠なのは「人の力を借りる覚悟を決める」「人は誰でもそこに存在しているだけで誰かの支えになることができる」という心得です。

「進化論」を提唱したチャールズ・ダーウィンがかつて

「同情できる人が一番多くいる地域社会が、最も繁栄し、多くの子孫を残すだろう」

と述べたように、「適者生存」は共感や同情こそが人間の有能な資質であるとの考えに基づいています。[注1]

ドイツを代表する学術研究機関であるマックス・プランク研究所が「人間の脳がどんなときに幸せを感じるか」について研究を行ったところ、「苦しんでいる人に寄り添って支援するとき」だということが明らかになっています。[注2]

私たちは「自立」という言葉の意味をもう一度考え直さなければなりません。

「膨大なものに依存しているのに私は何にも依存していないと錯覚することが許されている状態が『自立』である」。[注3]

このように指摘するのは、知的障害のあるアーティストを支援する今中博之氏です。

依存することができる多くのモノや人に囲まれ、これらを自ら能動的に決定し活用できる状態こそが「自立」だというわけです。

経済のグローバル化の波に侵食され数値化されたエビデンスに絡め取られている私たちは、論理的な言語ではなく非言語、作為ではなく無作為の現象に意味を見出すのは困難になっていますが、今中氏はこれまでの経験に基づき、「社会資本のマキシマムな数は150人であり、言葉によってつながっているのではなく、過去に何かを一緒にした記憶によって結びついている」とした上で、「スピリチュアル性が社会のエトス起動の重要ポイントである」と主張しています。注4

コミュニティ形成の核となるスピリチュアリティ

スピリチュアル（霊性）とは、人の心の奥底にある永遠性や超越性へのあこがれ、善良さ・美しさに対する希求、人生の意味や目的などにかかわるものです。個々人の体験に焦点を置き、手の届かない不可知の存在と神秘的なつながりを得て自己が高められるという感覚を持つことでもあり、日本語の「厳粛」という意味が一番近いのかもしれません。

霊性は受動的であり、あるがままに任せるという態度です。主体と客体が未分であり、私とあなたの境目さえない感覚です。霊性は「自分」というものがボキッと折れるという体験なしに立ち上がりませんが、誰もが内蔵している共鳴盤みたいなものです。共鳴するからこそ共同性の契機になるのです。

「悲しみを梃子《てこ》にして強く生きていこう」というメッセージからわかるように、人間が人間であることの基本条件は有限性の自覚です。

在宅での看取りをきっかけにして「バラバラだった家族の気持ちが1つになり、家族の絆が深まった」「多くのことを学び、成長のきっかけになった」と介護体験をプラスに捉える家族が増加している[注5]ことはなによりの証左でしょう。

病院では体も動かせず意識もない男性患者が看護師にとって癒やしの場所になっているケースが少なからず見られると言われます。じっと座っていたり、居眠りをしたり、時には返事がないのにプライベートな相談をしている看護師にとって誰にも言えない話を聞いてくれる相手だったのかもしれません。[注6]

人は何の役にも立っていないようでも見えないところで大事な役割を果たしています。

『嫌われる勇気』の著者である岸見一郎氏も同様の考えです。

私たちは自分の価値や生きることの意味を「生産性」で考えてしまいがちですが、岸見氏は「生産性に自分の価値を見出さなくても良いと思えるようになると、どんな状況でも自分に価値があると思える」と指摘します。[注7]

自らの闘病体験の中で「自分が生きているだけで家族が大きな喜びを感じていた」ことを例に挙げ「助けてもらうことで助けている人が『貢献感を持つ』ことに貢献している」ことに気付いたからです。注8

働ける人が働けるときに働けばよいのです。自分がどんな状態であっても、そこにいるだけで生きているだけで他者に貢献出来るということがわかれば、何も出来なくてもそれを「申し訳ない」と思う必要はなくなります。

亡くなった後も家族が「あなたの思いに応えることが出来た」と胸を張って生きていけるようにしてあげることも大切なことです。

他者の役に立っているという「貢献感」は幸福の基礎であり、生きる力です。このことが理解できれば老いへの恐怖も和らぐというわけです。

仏教にも「福田《ふくでん》」という発想があります。注9

福田とは功徳を生む田のことであり、病人や貧しい人のことを敬い大切にすべき存在だと考え奉仕することで、人は功徳を積むことができるという考え方です。

高齢者は「人の世話になることで相手に功徳を積ませてあげるのだ」と考えることができれば、周りに対する負い目が和らぐことでしょう。そもそも仏教の「喜捨」というのは、お布施をする側が感謝をするという精神です。

「楽しそう」「介護を受けるのも悪くない」と周囲が思えるような人生を送ればそれも他者への貢献です。老いることの幸福を若い人に伝えることになるからです。

老いや介護の倫理に詳しい池上哲司氏も「人間をあくまでも関係の中で考えようという発想がある。人間を関係の中の個体として見れば、個体としての能力が下降したとしても、その人の関係が豊かなものであれば、個体×関係としての人間は豊かであり続ける」と主張しています。注10 歳をとることによる能力の下降は避けがたいのですが、傍らに在り続けてくれる他者に数多く恵まれていれば、日ごとに豊かになりうるし、人は美しく老いたと言えます。「死ぬときはみな独りだ」という嘆きは、自分が死にかけているときに他の人々に囲まれているにもかかわらず、孤独を感じているに過ぎないのかもしれません。

すべての人に「仏性」が宿る

戦後の資本主義世界では福祉国家制度が導入されましたが、「福祉制度の導入により国家全体の効率性を高める」という暗黙の前提がありました。

このような前提に立てば、公的財源で高齢者介護を行うことが正当化できるのは、高齢者を公的に介護することによって就業可能な家族を労働力として活用できる場合のみになってしまいます。国家に労働力を提供できないと判断された高齢者への介護を公的に支援することをストレートに正当化できる論理を導くことができないのです。

にもかかわらずスウェーデンで「国民の家」構想ができたのは「人格崇拝」の論理があったからです。注11

「人格崇拝」とは社会学者のエミール・デュルケムが主張した概念です。「すべての人に『聖なるもの』が宿っている」という考え方ですが、効率性や生産性によって根拠づけることができない高齢者への公的支援は「聖なるものへの崇拝」として位置付けるしかないと思います。

少子化と未婚化が進み、介護する家族のいない無縁の高齢者が増えていく日本では「自分と縁がなくてもすべての高齢者は貴い」という認識が広がらない限り、超高齢（多死）社会を乗り切っていけないのかもしれません。

マッキンゼー・アンド・カンパニーが２０１８年9月に公表した、世界28カ国の20～79歳を対象としたグローバル・トレンドに関するアンケート調査によれば、「年配の方をとても尊敬している」と回答した日本の20代の割合は57％と世界平均（88％）に比べて極めて低かったことがわかりました。注12

悲しいことに日本の高齢者自身も自らの境遇を「知恵や経験が増えていく」というプラスではなく、「気力や体力が失われる」というマイナスとして捉えている傾向も明らかになっています（世界的な傾向ではプラスがマイナスを上回っています）。

「お金をもっていて仕事をしなくて元気に闊歩する高齢者は『能力が低くて親しみを感じない』という最も共感しない外集団とみなされている」という調査結果もあります。注13

高齢者に若い世代と交流する機会が設定されているのは保育園と幼稚園くらいしかない現代の日本において、高齢者を自分以下の人間であるとみなす「非人間化」が若者の間で無意識のうちに進んでいるとしたら非常に恐ろしいことです。

死に至るプロセスが飛躍的に延長された現代において、高齢者は「いかに死すべきか」とともに「いかに老いるべきか」が大問題になっています。

人間のあり方を「何かを生み出すことが出来る」という能力の観点で見ている限り、「老い」は負でしかありません。老いがいったん負として捉えられると、歳をとるにつれてその負は雪だるまのように大きくなるのは必定です。

日本には昔からあらゆる人には仏性が宿っているという考え方があります。

民間信仰の歴史に詳しい佐藤弘夫氏は「草木国土にも広く聖性を認める思想は近代化が進展しても失われることはなかった。あらゆる人々に内在する聖性の発見は1人1人の人間が本来有する尊厳と主体性の自覚である」と指摘しています。注14

人をカミとする発想は3世紀に始まる前方後円墳を巡る祭祀儀礼に端を発していますが、中世に入ると万人が例外なくそれぞれの心の中に究極の聖性（仏性）を持っているというヒトガミ信仰が生まれました。

その後江戸時代になると義民信仰（我が身を犠牲にして人々の苦難を救った人物を神として崇める現象）が各地で広く見られるようになり、人には仏性があるものの修行をしなければそれは表出してこないと考えられるようになりました。

「病などで苦しんでいる人が忍耐すると品性が出てくる」。注15
このように指摘するのは「がん哲学外来」運動を全国に展開している樋野興夫氏です。

全力を尽くして治療に向かう姿を家族に見せることが「生きる力」という最高の贈り物を与えることになるからです。

がん哲学外来とはがん患者やその家族、医療関係者、一般市民などが集う対話の場です。開かれる場所は病院、公共施設、福祉施設、教会、寺院などです。

内村鑑三を尊敬する樋野氏が掲げる人生の目的は「品性（性格）」の完成です。注16
樋野氏はさらに「いつでもこれが人生の最後の5年間だと思って、一生懸命に生きること」を推奨していますが、注17「最後の5年をいかに生きる」とは「よりよい死のためにいかに生きるか」という意味です。

「人生は贈り物。その価値を高めて『勇ましい高尚なる生涯』として次の世代に遺していくことは誰にでもできる」と考える樋野氏は、末期の患者に対して「あなたには死ぬという大切な仕事が残っ

ていますよ」という言葉を投げかけています。注18

このような日本の伝統をかんがみると、高齢者は努力しない限り聖なる存在にはなれそうにありませんが、精神分析学者のヴィクトール・フランクルの主張が救いとなります。

フランクルは人間の価値は3種類あるとしています。注19

①創造価値：何かを行うこと、活動したり創造したりすること、自分の仕事を実現することによって生まれる価値

②体験価値：自然、芸術、人間を愛することによって生まれる価値

③態度価値：自分の可能性が制約されていることが避けられない事実であっても、その事実に対してどんな態度をとるか、その事実に対してどうふるまうかによって生まれる価値

③の「態度価値」はフランクルが独自に考え出したものです。

具体例として挙げられているのは人生の最後の瞬間を迎えてもなお周りの医療スタッフの業務に気を配った患者の行為などですが、変えることのできない過酷な現実に対して肯定的な態度をとることで態度価値が生まれるのです。

いかなる状況にも人間がどんな態度をとるかは自由であり、その態度こそが重要であると認識すれば、人生はどんな状況でも意味があります。「苦しみや死さえ意味がある。人生を意味あるものに変えるのに遅すぎることはない高齢者にとって重要なのは、自分がまだ役に立てると思えること、誰

かのために生きているという感情を目覚めさせることである」とフランクルは述べています。注20態度価値を価値のカテゴリーの領域の中に入れれば、人間の存在はけっして無意味にはなりません。

神への至近距離にある高齢者

日本語のカミはゴッドではなく万物に宿る目に見えない「いのち」のことです。日本人はこのような目に見えない力に非常に敏感です。

日本では神像は仏像の影響を受けて奈良時代からつくられるようになりますが、その多くが老人の表情をしています。

開眼から半眼、そして閉眼に至るプロセスを見ていると、死に逝く人の表情が少しずつ穏やかになり、看取る側に安心を与えます。身心を苦しめ悩ます病の後に初めて柔和な表情を手にすることができるのでしょう。精神が成熟していくプロセスを見ることで、死を目の前にしたときの顔つきが遺された人の心の奥に深い印象を刻むようになります。

人間のライフステージにおいて、神への至近距離にあるのがまさに高齢者です。ここから我が国における高齢者を尊重する観念が生まれました。

江戸時代以前の日本では、老いて死ねば他界に赴き、やがて祖霊へと昇華して子孫の守護神となると考える祖霊信仰から、老親の介護をなおざりにすることはできませんでした。もしそのようなことをすれば、親が祖霊となったとき、その守護を受けられず、自分たちの繁栄は保証されないことになるからです。したがって、老親が認知症となって、人間離れした行動をとることになったとしても、それは神の自由な世界に一歩近づいたものと考え、祖霊に対するがごとくに接したのです。

家の基礎を築いた高齢者は祖霊に最も近い存在であるが故に、祖霊に接するように温かく見守らなければならなかったのです。

高齢者の側でも死に向かう老いのさまざまな姿を見せることを通して、若者に人生を考えさせるという教育的な効果を担っていました。高齢者はたとえ行為する主体でなくても、そこに存在するだけでもよいとする、存在すること自体に意味を持たせる文化があったのです。認知症高齢者の幻覚・幻聴を神の自由な世界に一歩近づいた証と捉えることができれば、その発言は妄言ではなくなり、聖性を帯びたものになります。

しかし祖霊信仰が希薄となり、介護に関してマイナスのイメージが強まっています。

育児には子供が成長していくのを見る喜びがあり、子供が大きくなるにつれて必要なケアの作業は減っていきますが、介護の場合には病気の進行や年齢に抗えないところがあります。どんなケア作業がどれほどの期間必要なのか見通しが立ちづらく、介護する自分がこの先どうなっていくのか想像するのが難しいのが現状です。

通過儀礼としての看取り

介護に関するマイナスのイメージを打破するため、筆者は介護の最後に訪れる「看取り」をライフステージにおける「通過儀礼」と位置づけるべきだと考えるようになりました。

通過儀礼とは、人の一生で経験する誕生・成年・結婚・死亡などの儀礼習俗のことです。誕生に関する儀礼習俗は初参りです。新しく赤ん坊が生まれたとき、誕生から1カ月前後に地元の神社へ参拝します。成年に関する儀礼習俗としては成人式が挙げられます。結婚の場合には結婚式があり、死亡に関する儀礼習俗が葬式です。

通過儀礼には日常の状態を離脱して（分離）、非日常の状態へ移行し（過渡）、最終的には日常の状態に戻る（統合）という3つの局面がありますが、中間の過渡の段階が最も重要です。過渡の段階で試練が課され、試練を克服した対象者は生まれ変わりを果たすことができるからです。困難に遭遇したとき、それを試練として受け止め「自分にとっての新たな通過儀礼が始まったのだ」と考えることができれば、その試練に対する取り組み方も変わってきます。

通過儀礼においては儀礼の対象者がいかに試練を克服していくかが鍵になり、試練を克服して新しい人間になるという意味があります。それまでの古い存在が死に、別の新しい存在として再生することから、通過儀礼は「死」と「再生」の象徴です。

余命告知を「分離」、いのちのバトンを「過渡」、死後生を「統合」と捉えれば、看取りは通過儀礼そのものです。通過儀礼としての看取りを人間を成長させる機会だと捉えれば、介護の価値は育児と同様に高まります。

「老い」を笑い飛ばせ

前述のマッキンゼー調査によれば、死を最も恐れているのは高齢者ではなく20代の若者であることが判明しました(世界の20代の53%が「自分が死んだ後、皆に忘れられることを心配している」と回答)。自己意識の水準が急速に高まる青年期では、個体としての孤立の意識が際立ち、「自分の存在がどうあるべきか」を最も気にするために死に対する感受性が高まるからでしょう。

50代以上でも死の意識が高まり人生において不安が高まるとの指摘があります。中高年世代は人生の終着点も考えるようになり、他の年齢とは違うなんとも言えない「漠然とした不安」がまとわりつくことが多く、「人は何のために生きるのか」という問いには「自分はどのように老いて死んでいったらよいのか」という不安が潜んでいます。

このことが関係しているのでしょうか、日本の社会は非常に息苦しい空気が漂っています。しばしば指摘されることですが、日本人は他人になにかを頼んでやってもらうことを「恥」だと考える傾向が強いようです。

人間はそもそも周囲から「かわいそう」とは思われたくないという思いがあるのはわかります。日本は我慢を美徳とする文化があるのも承知しています。

しかし現在の日本は「助けて」と声を上げるためのハードルが高すぎる気がしてなりません。あまりにも援けを求めにくい社会は日本の病理ではないでしょうか。

この重苦しい空気を追い払うためには、「高齢者の『愛される欠陥』や『許され力』が有効である」という指摘があります。注21

歳を重ねることで衰えるのではなく成長している部分はどこか、老人しか持ち合わせていない能力は何かを考えた場合、歳を重ねることをポジティブに捉えることが出来る能力は「ボケ力」しかないというわけです。

現在の日本では高齢者は「怖いもの知らず」「恥知らず」になるべきかもしれません。

有史上最も長い人生を謳歌してゆっくり老いた後に死ぬ人の数が増えた日本で、上手に歳を取り愛されるべき高齢者になることは簡単ではありませんが、ジェロントロジー（老年学）に詳しい小向敦子氏は「超高齢社会を生き抜くためにはユーモアや笑いが最も大切な要素である」と主張します。注22

たしかに老化現象はネタの宝庫です。不健康になった自分を笑い、これを自虐ネタまで昇華させれば笑いを操る側にまわることができます。

笑いは周りを楽しく、一緒に楽しむ人たちの心を通い合わせる魔法です。

伝えるべきことを面白く伝えて相手に大切なことを気付かせてあげられる高齢者になれば、家族や周囲とユーモアあふれるコミュニケーションを図ることを「老い甲斐」にできます。

「高齢者には若くして死んだ人にはできなかった『死にっぷり』があるはずで、世界に先駆けてその姿を見せていくことは日本のシニアの使命である。3枚目を目指して奮闘するシニアが示すショーマンシップが若者を突き動かせば、自らが輝かずに笑われ役を選ぶシニアに若者は本気で憧れ、惚れる」。注23

ジェロントロジーの小向氏からの「ワイズフール」の勧めです。

「ボケて死ぬのではなく死ぬ前にボケをかます」という逆転の発想をすれば、死を意識せざるを得ない立場に立った本人にとって笑いは1つの大きな救いになり、笑いを通じて死がゆるやかに近づき、晩年は落ち着いたものになるのかもしれません。

認知症は恐怖なのか

「長く緩慢な死」が大勢を占める時代となった現在、老いに対する恐怖の中で最も懸念されているのは「認知症になって周りに迷惑をかける」ことでしょう。

昭和30年代までは「長生きすればボケることもあるもんだ」と笑ってすまされるほど認知症を取り巻く環境は穏やかなものでしたが、高度経済成長が始まり効率優先の価値観が蔓延するようになると認知症は社会問題になっていきました。

「認知症が怖い」というイメージを決定的にしたのは有吉佐和子が書いた小説『恍惚の人』でした。認知症になると「暴れて危害を加えたりするようになり寝たきりになって死んでいく」という認知症観が社会で共有されたのです。１９７０年代当時は早期発見の検査方法がなかったことから、家族の手に負えなくなって医療機関に駆け込むというパターンが多かったようです。その後認知症に対する医学的知見が高まったにもかかわらず、誤解と偏見は残ったままです。

２０１５年時点で５００万人超となった日本の認知症患者が今後も増加することは必至です。２０２０年に６００万人以上、２０２５年には最大７３０万人に達すると予想され、高齢者の５人に１人が認知症患者となる勘定です。

２０１４年の認知症に関する医療費は1.9兆円、介護費用や家族の負担を含めたコストの総額は14.5兆円となり、２０２５年には28兆円に拡大するとの試算があります。

長いシニア期とその先で迎える死はこの国の形を変えてしまうほどの威力を持っていますが、マイナスの側面しかないのでしょうか。

老年心理に詳しい岸見氏は、認知症の父親を介護した経験から、「過去に囚われずに未来を案じない、『今ここ』を生きている親は人間として理想の生き方をしているのではないか」と述べています。注24「理想の生き方」とは、いったいどういうことでしょうか。

老年精神医学の専門家である和田秀樹氏は「ボケには幸せな側面もあるから恐れることはない。『うつ』になるよりも認知症になるほうが本人にとって幸せだ」と指摘しています。注25

和田氏によれば、85歳を過ぎるとほぼ全員の脳にアルツハイマー型の変化が起き、約半数に認知症の症状が現れますが、認知症は病気ではなく脳の進化の結果であり、脳が加齢に伴ってより効率的かつ省エネ型になっていくプロセスのようです。

過去の嫌なことをすべて忘れてしまうことで認知症は高齢者のそれまでの人生を幸せなものに塗り変えてしまう力があるようです。ボケても元気な人は自分の残存能力を十分に活かしており、ゆっくりとボケていく人には新しい人生が始まります。

どんなにボケても本人ができることを楽しんでいる限り、傍目にはゆったりとのんびりしていて幸せそうに見えます。人に頼るのは悪いことではないと思えるようになり、無邪気になれるのは認知症の特権だそうです。

認知症になるのは、慌ただしかった人生の最後に用意された「安息の時間」であり、ゆっくり着地するためのプログラムであることを家族や周囲の人々が理解できれば、「ボケてもいいんだな」と思うことができ、自分が高齢になることへの不安は薄れていきます。介護する側も幸せそうなおじいちゃんや穏やかな眼をしているおばあちゃんに癒やされる時間ができます。このように愛されるボケには、周りの人を幸せにする力があるのです。

一方、歳をとってからうつ病になるとそれまでの人生がどんなに輝いていても思い出すのは嫌なことや不幸なことばかりになってしまい、それまでの自分のすべてを否定するようになってしまいがちです。プライドが高いと良いボケ方をしないそうです。[注26]

どうやら頭がさえてしっかりしていれば幸せになるわけではないようです。

「『どうすればボケを防げるか』ではなく『どうすれば幸せなボケになれるか』という新しいボケ観が必要である」[注27]とする和田氏の主張は説得力があると感じるのは筆者だけでしょうか。

認知症が教える人間の価値とは

認知症は脳科学などの知見からはどのようなことがわかるのでしょうか。

私たちは心の存在を当然だと思っていますが、心という「概念」が発明されたのは歴史的に見て紀元前5世紀ぐらいだったようです。『神々の沈黙』の著者ジュリアン・ジェインズ氏や『心の先史時代』の著者スティーブン・ミズン氏によれば、古代人の意識のありようは現代人とだいぶ違って

いたそうです。注28

心という概念が存在する以前は、「怒り」や「悲しみ」という感情は実体として存在したわけでなく、もっと曖昧でどろどろと不定形的で身体感覚と混ざり合った生々しいものだったようです。

過酷な状況に置かれた人類は、生き延びるために今まで食べられなかったものを食べ、分かち合うことを覚え、コミュニケーションを発達させて、共同生活をするという選択をしてきました。複雑なコミュニケーションを可能にするために可塑性の高い知性が必要となり、脳内に「認知的流動性」という機能が生み出されました。そして、認知的流動性を得たことであらゆる場面に汎用できる心の働きが生じるようになり、心理状態の分節線を増やしていったのです。複雑な感情はもともと人間に備わっていたわけではないのです。

人間の心は、報酬を得ようとする欲求、困難に打ち勝とうとする意志力、他人に共感する力、社会において適切な役割を果たす力などで構成されており、その本質に関わっているのは「情動」です。情動は全身の器官から脳に伝わる情報をもとに脳で生まれますが、感情はこの情動を前頭前野を含む大脳皮質が認知することによって初めて生まれるものです。もともと人間の感情は身体的反応から生まれるものなのです。

アルツハイマー型認知症を患うと海馬などの機能が低下するため言語的記憶は失われますが、感情記憶などの非言語的記憶は最後まで維持されるようです。家族の顔がわからなくなっても、過去に良い時間を過ごした記憶は残り、「この人はいい人だ」という感情は残ります。認知症患者は言葉ではなく身体的な反応に基づいて行動している可能性が高いのです。

記憶が保持できないという機能の低下はあっても、自尊心、怒り、虚栄心、喜び、嫉妬といった人間に備わっている感情の機能は変わらないのです。

感情は理性と比べて低く見られることが多いのですが、最新の脳科学では「感情がないと理性的に行動できない」ことがわかってきました。感情がなければ人間は価値判断ができないからです。

感情的判断は地球に生物が誕生して以来、生き残る経験を代々積み重ねて進化してきた結果であり、理性だけでは対応できないような不確実な状況でなんとか人間を動かしてくれるシステムです。もともと生物は大脳皮質などの機能なしに、状況を判断して行動を選択するようにできています。[注29]

脳科学者の恩蔵絢子氏が「認知機能の作る『その人らしさ』ともっと根本的な感情の作る『その人らしさ』というように2つの『その人らしさ』があるのではないか」と主張するように、[注30] 誤解を恐れずに言えば、認知症となった人は2500年以前の人類に逆戻りしただけであり、人としての価値はいささかも減ずるわけではないのです。

私たちは、認知症に対する認識を改める必要があるのではないでしょうか。

認知症フレンドリー社会

「認知症というのは、病気そのものの名前ではなく、さまざまな病気が原因となって、生活などに支障をきたした状態を指す。アルツハイマー病は原因となる病気の1つだが、他にもさまざまな種類の病気がある。総体としての認知症というのは、認知症であるその人と周囲の環境との間に起きる現象、社会現象でもある」。注31

このように指摘するのは『認知症フレンドリー社会』の著者であるジャーナリストの徳田雄人氏です。

徳田氏が指摘するように、認知症についての社会的関心が高まっている昨今でも、メディアや人々の世間話に登場するのは、相変わらず「認知症患者の介護が大変だ」というものばかりです。認知症の症状は十人十色であるにもかかわらず、認知症であるというだけで、共通の性質を持つグループとして扱われてしまっているのも問題です。

社会で問題となっている認知症のケースのほとんどは、病気と言うより自分の存在価値を認めてもらえないストレスに対する高齢者の自己防衛反応の要素が強く、感情面のケアを適切に行えば攻撃性を和らげることができることから、人間として尊重される状態をつくることが肝心だとの認識が広まりつつあるにもかかわらずに、です。

重度の認知症で言葉によるコミュニケーションが困難な人であっても、認知症の人の想いを理解し、コミュニケーションをとることが十分可能であることがわかってきており、認知症の人自身の視点に立った接し方や環境づくりが大事だということもわかってきています。人間にとって重要なのは他者との関係であり、人とつながってこそ人間らしさが生まれるということは認知症になっても同じなのです。

徳田氏は「好むと好まざるとにかかわらず、社会全体を、認知症対応に〝アップデート〟する必要がでてきている」と主張していますが、注32 認知症がごく少数で特別な時代だった社会から、高齢化が進み認知症の人と共生する社会へと移行する今、社会の側こそが変わらなければならないのです。

社会とは本来、感情や人間の本能をベースに成り立っていたと思います。

都会に比べて「時間」の流れが緩やかな農村では、認知機能が低下しても農業などを続けて近所の人々とも仲良く楽しい生活を送り続けている人が多いことが知られていますが、認知症フレンドリー社会を構築する上で興味深い事例を紹介したいと思います。

長崎市の聖フランシスコ病院のホスピス病棟の看護部長であるシスター・ヒロ子氏は、深刻になりがちな患者や家族に笑いをもたらすことでホスピス病棟がゆったりとした穏やかな空気に包まれるように配慮しています。

ヒロ子氏が勤務するホスピス病棟で母親を看取った小出美樹氏は、認知症が進む母親との会話が困難になった際のヒロ子氏からの指摘に蒙《もう》を啓《ひら》かれたと言っています。

そのときのヒロ子氏の指摘（メッセージ）は次のようなものでした。

「天国の言葉は生きている人には模様のようにしか見えないけれど、死んでいく人には読める。訳の分からないことではなく私たちの理解を超えた正しいことを言っている。天国に近い人は私たちと違う世界にいるんだから、こちらが周波数を合わせないといけない。死んでいく人は残される人へ向けてたくさんの贈り物をしている。目の前の贈り物に気づくことが死んでいく人に出来る最大のことだ」

ヒロ子氏に導かれながら、死にゆく母親の姿が生きている人よりずっと神々しかったという体験をした小出氏は「大切な人を失うと残された者にはたくさんの優しさが降り注ぎ、亡くなった人は残された者の心の中でずっと元気な姿で生き続ける」ことを痛感し、「看取るということは看取られる人の人生を輝かせることだ」とわかったと指摘しています。注33
次は日本で最も著名な哲学者の1人であるエマニュエル・カントの老後です。

非常に社交的で会話の達人だったカントも老化現象には勝てず晩年は認知症になりましたが、その劇的な変化について周りの人たちは馬鹿にしたり責めたりすることはなかったことから、攻撃性や徘徊などの「周辺症状」がほとんど出なかったようです。認知症になっても最期まで穏やかさを保ち幸せに暮らしたカントの例から、能力が落ちても周りの尊敬によってその人のあり方はいかようにも変わることがわかります。注34

米国先住民の間ではユニークな風習があります。人が病に倒れると名前が変わるのです。病を得ると人格が変わるから、名前を変え初めて会う人のようにその人に接するというのがその理由です。先住民の間では認知症になった人のことを「より高次元に近づいた人」と呼んでいたそうです。注35

日本でも同様の風習がありました。北海道のアイヌ民族はかつて村の長老が呆けて言葉が通じなくなったとき「神用語を話すようになった」と考えました。自分とは言葉を通わせることができない神さまのような存在になったと考えることが、これまでどおり仲良く暮らす術だったのです。注36

QOD（死の質）が問われている

欧米では20年ほど前から「延命治療をやみくもに行うのではなく安らかな最期を実現すべきとする『QOD（死の質）』が重要である」という考え方が広がっています。

英国のエコノミスト誌は2010年に「緩和ケアのための環境」「人材」「費用」「ケアの質」「地

域社会との関わり」という5項目の質と量を調査し、終末期医療、特に緩和ケアの整備状況を数値化して国別のランキングを公表しました。

その後２０１５年にもランキングが発表されましたが、２回とも1位は英国でした。

英国では２００２年に「ゴールド・スタンダード・フレームワーク（ＧＳＦ）」と呼ばれる、いわば「人生の最終段階を支えるケアシステム」がスタートしました。現在英国にある総合医療機関のほぼすべてでＧＳＦが導入され、介護施設においても普及が進んでいます。このシステムの特徴は、現場のスタッフが死をタブー視することなく、月に一度「終末期をどうしたいか」を確かめるための面談が行われていることです。注37

このシステムが導入された背景には「死は負けではない。安らかに死ねないのが負け」「死を受け容れると残りの日々を幸せに暮らすことができるから人生のクオリティが向上する」などの社会的なコンセンサスがあります。

システム導入の影響かどうかはわかりませんが、多くの英国人は昔ながらの葬儀をやめ、故人の性格に合った楽しい見送り方を選び始めています。注38

英国の葬儀会社による3万人を対象にした死、死に方、死別に関する調査によれば、41％が悲しい式典ではなく人生を祝う祭典にしたいと回答しました。また回答者の20％は「参列者には明るい色の服装を望む」という結果となりました。

スウェーデンでも死はタブー視されていません。医療従事者が患者の予後が長くないと判断したとき、本人やその家族に真実を伝え「治すための医療」から「安らかな最期を迎えるための医療」にシフトする動きが広まっています。注39

スウェーデンもかつては人生をできるだけ長くすることに重きを置いていましたが、「人生を長くして病気を長引かせる」というパラドックスが起きてしまい、医療のあり方を大幅に見直したのです。

2015年のエコノミスト誌の調査で注目すべきなのは、アジアから台湾だけがベストテン入りしたことです（6位）。その他のアジアの国ではシンガポールが12位、日本は14位でした。欧米の多くの病院や介護施設等ではチャプレンと称する聖職者（牧師、神父等）が終末期の患者のケアに当たっていますが、アジアでこの取り組みが最も進んでいるのは台湾です。

台湾では修行と経験を積んだ僧侶・臨床宗教師が、病棟や自宅で医療者と協力して看取りに当たっています。

台湾で臨床宗教師の養成が開始されたのは2000年頃ですが、その背景には「安寧緩和医療条例」が2000年に成立したことが挙げられます。

この法律によって終末期医療を自分の意志で選択できるようになりました。具体的には終末期に蘇生装置の使用や延命治療をどこまで行うかという「事前指示」を保険証に組み込まれたチップに記しておき、いざというときにこれをもとに対応が決まります。

これによって医療費削減が進みましたが、思い切った終末期医療改革と時を同じくして、スピリチュアル・ケアを手厚くする試みが始まったのは偶然ではないでしょう。注40

台湾の臨床宗教師は国立台湾大学の付属病院（台大病院）の呼びかけで養成が始まりました。このため臨床宗教師になるには、台湾大学の医学部や看護学部の授業の聴講などを含め台大病院で1年間みっちり学びます。その後で先輩の臨床宗教師とともに現場で研修を重ねます。注41

日本の臨床宗教師も２０１１年3月の東日本大震災をきっかけに生まれました。宗教学者達が宗教者災害支援連絡会を設立し、翌２０１２年に東北大学に臨床宗教師の養成講座が開設されました。２０１８年3月現在で8つの大学や研究機関が養成研修を行っています。臨床宗教師の認定制度も設けられ、審査を通った認定臨床宗教師は２０１８年9月現在１５９名です。

僧侶をはじめとする宗教者が、所定のカリキュラムと訓練を経て、終末期の人と家族の心のケアを担っていますが、日本の多くの病院では祈る場所がないのが現状です。

「引導を渡す」という言葉が示すとおり、かつて日本の僧侶は看取りの場で重要な役目を担っていました。

平安時代の高僧、恵心僧都源信が「往生要集」の中で「臨終行儀」を示しています。

それによれば、まず最初に「住居とは別に看取りの部屋を設け、病人をそこに移す」ことが述べられています。住居には愛着のある品物が多く、そこにいると現世に執着する気持ちが生じてしまうからです。家族や縁者も顔を見せていいのは臨終間際になってからで、しかも「泣き叫んだりして病人を惑わせてはならない」とされています。さらに「看病する人は大小便や吐物などの世話に当たる」ことなども記されています。

台湾では医療の基礎をしっかり学びますが、残念ながら日本では養成の課程で医療教育が組み込まれていません。

日本では政府が２０１３年に初めてＱＯＤを高める医療のあり方を考えていく必要性を示しましたが、残念ながら前途遼遠《ぜんとりょうえん》です。

英エコノミスト誌は「死に関する意識を向上させ、死について前向きに話せるようになるには地域社会の取り組みが重要だ」と述べていますが、注42「死の質」を上げていくためには発想の転換が不可欠です。

地域が担っていた江戸時代の「看取り」

江戸時代後期の21歳以上の平均死亡年齢は、男性61.4歳、女性60.3歳で、51歳以上の人々の享年は70歳を超えていました。80歳を超えて生き延びる者も希少ではありませんでした。60歳以上人口が15

%を超えるような村や町が全国に広く出現していました。注43

田植えの前作業や稲刈りなど共同作業を要する繁忙期には高齢者は貴重な労働力でした。

武士の世界でも長生きが大事になりました。健康が武士としての生き方であり、忠死を遂げることよりも死なない方が忠として質が高いという発想が生まれました。注44

高齢社会は現代に初めて生まれた人口現象ではないのです。

病院や介護施設のない江戸時代において、看取りの場は基本的に家であり、家族が看取りの中心的な担い手でした。中でも家長が妻や子をはじめ家内の者を教え導いて、親や祖父母の老いを看取る責任を負っていました。家長には養老の教えと看取りの具体的な方法が授けられていたのです。孝行としての看取りは、つねに親の側にいることとともに、親の身体に直接触れることが大事な行為とされていました。

寒村には『楢山節考』（民間伝承の棄老伝説を題材とした深沢七郎の短編小説）のような悲惨な現実が各地にあったのも事実でしょうが、親孝行や高齢者を尊敬しいたわるというのは江戸期の儒教の基本でした。

そうした社会規範の中で、特に武士は身内の臨終に積極的に付き添っていました。勤務を退いて看取ることを認める「看病断」の制度が設けられていたからです。注45

幕府も藩も、家族の老いを献身的に看取った者を、孝行・貞節などの儒教徳目の範を示した者として、わずかな扶持や金銭を与えて褒賞しましたが、恒常的な高齢者福祉の対策は施されませんでした。

このため地域社会が、家族の縁に恵まれずに単身で老いを生きる者の生存を支える役割を負っていました。独り身になった者を看取ることは、五人組（江戸幕府が町村に作らせた隣保組織、近隣の5軒などを1組とし、相互扶助に当たらせた）や村町などの共同体に委ねたのが、幕府と諸藩の基本的方針でした。注46

「家族による看取りが基本」という方針にもかかわらず、例外のケースの方が多かったようです。例えば五人組の費用負担により、菩提寺が看取りを引き受けた例があります。スウェーデンのように養子やその家族を世帯に入れ、高齢者を新たな家族組織の中で看取るという方法が採られたケースも多数あったようで、血縁によらない扶助システムは武士社会でも採られていました。注47

看取りの互助社会

看取りの文化が絶滅の危機にある日本ですが、地域の在宅ケアの取り組みをきっかけに看取りの文化が復活する兆しが生まれています。

山崎氏が運営するケアタウン小平では終末期の患者をサポートするためのホスピスボランティア

という制度があります（登録ボランティアの2割は遺族）。注48

山崎氏が以前勤めていた聖ヨハネホスピスでの「さくら会」と称する遺族会を参考にして、ケアタウン小平でも在宅遺族会「ケアの木」を組織し交流を進めていますが、山崎氏が当初想定しなかった副次効果も現れています。注49

看取りの経験をした遺族が今まさに看取りを経験しようとしている家族をサポートする動きが出てきており、看取りを介した地域の絆が深まりだしているのです。

ケアタウン小平には介護支援施設に加え、1人暮らしを対象としたアパート（いっぷく荘）が併設されていますが、山崎氏は「ホームホスピス」を推奨しています。注50

ホームホスピスとは、住宅地の中の空き民家を改修し、終末期のがん患者や認知症で1人暮らしが困難になった人々が「終《つい》の棲家《すみか》」として共同生活を営む取り組みであり、１９９０年代後半に宮崎市で活動が始まりました。介護や食事などの支援を24時間対応で行っていますが、ありふれた日常の生活音や匂いが漂っており、その形態は小さな「疑似家族（5人ほど）」です。病院とは違い病気の話はしないことになっています。

ホームホスピスと介護施設の違いは、ホームホスピスの目的は生活支援もさることながら、生活の場での看取りを前提にした「尊厳ある生と死」の実現を目的としていることです。この取り組みは地域住民に対し住み慣れた地域で人生の最期まで暮らし続けられる安心を提供するばかりではありません。地域の空き民家を活用するため家主には家賃が入るとともに、そこで働く支援スタッフなど、新たな雇用を生み出すなどの地域経済へのメリットも期待できます。

ホームホスピス「かあさんの家」を設立した運動の主導者である市原美穂氏は２０１１年12月にホームホスピスの質を担保する目的で一般社団法人全国ホームホスピス協会を立ち上げました。協会正会員施設は全国に33軒あり（２０１８年１月時点）、今後さらに増加する見込みです。

日本看取り士会の柴田氏も「看取りの家（わがままハウス）を地域包括ケアシステムに組み込みたい」との希望を抱いており、これにより医療関係者と看取り士の間の相互理解が進むことを期待しています。

山崎氏はケアタウン小平の取り組みを通して「血のつながりはなくてもその人を取り囲む人が最期を見送れば良いのではないか。いざというときに傍らにいてほしい人のリスト（５人分）を準備しておけば大丈夫だ」と主張します。[注51]

小澤氏も在宅医療活動を通じて「今後の日本社会においては、人間関係こそが１人１人を守る『強力なライフライン』になる。血のつながりがあろうとなかろうと、縁あってこの世で『家族』となった相手はかけがえのない特別な存在である」と述べています。[注52]

東京都台東区や墨田区などで生活保護受給者の支援活動を行っているＮＰＯ法人「ふるさとの会」も「在宅看取り」の活動を行っています。[注53] メンバーの誰かが死の恐怖に苦しんでいるときは、仲間で集まって「終活ミーティング」をやり、看取ったら「しのぶ会」を開いて、深刻な雰囲気にならずに「自分が死ぬときは、こういう感じで死にたいなあ」などと話し合っているそうです。「ふるさとの会」の創設者である水田恵氏は「『看取り仲間』ができれば安心できる」と述べていますが、[注54] 60代、70代になってくると「ああ、ここでこんな風に人生を終えるんだな」と思える場所があると、とても安心できると思います。

グリーフケアも出来るコミュニティ

多死社会の到来でグリーフケアの必要性も高まっています。

死者がこの世に戻ってきて生者とつかの間の時間を過ごすお盆の習慣を大切にする日本人は生者と死者との交流を大事にする民族だと言われています。文化的には日本では「人」は死にません。西洋人の死生観が「絆」だとすれば、日本人のそれは「続く絆」だからです。古来日本では死者や他者の魂との出会いの経験を通して、さまざまなトラウマを解消してきました。つまり鎮魂のはたらきを大切にしてきたのです。

しかし戦後医療関係者や知的な思考を重視する人々は、死に関する儀礼を軽視したことから、人々は悲嘆（グリーフ）の分かち合いができる共同体を失い、その結果、死別悲嘆のあり方は個人に委ねられるようになりました。

グリーフケアという言葉が広まったのは21世紀に入ってからですが、こうした時代の変化があったからではないでしょうか。

居住者の健康を守り生活の質を向上させることを目的とする「健康都市」の運動が日本でも盛んになってきています。しかし残念なことに「健康都市」には、多くの人が体験する大切な人との死別という困難に直面しても社会的に孤立することがないように環境を整えていくという視点が入っていません。

死別体験者が必要な支援を十分に得られず、日常生活を送る地域社会の中で孤立してしまうケースが多いにもかかわらずにです。

コミュニティとは一定の地理的範囲内で生活を営む人々の集まりのことです。現在の日本では伝統的な村落共同体のような地域・目的・感情の共有を成員に強いる集合体よりも、人々が自由意思に基づいてつながる協同性（アソシエーション）をベースに社会的孤立を解消することを目的とする親密な集合体という意味合いが強まっています。

コミュニティの重要な機能の一つとして、悲嘆に暮れる人がその悲しみから立ち直れるための支援も位置付けられるべきだと思います。

死別体験に共感的で互助的なコミュニティを構築しようとする例として、長野県松本市の市民団

体ケア集団ハートビートが挙げられます。注55

ハートビートは、尼僧であり看護師でもある代表の飯島惠道氏が、地域での「生老病死のトータルケア」の実現を目指して２００６年に立ち上げた団体で、２０１２年頃から死別悲嘆のケアに関する講演会を行うようになりました。

現在飯島氏が住職を務める東昌寺などで「悲嘆を語り合うワールドカフェ」が定期的に開催されていますが、毎回50人前後の参加者が集うそうです。

海外では死別体験者の社会的孤立の解消を試みることを目的にした「共感都市」という考え方が生まれています。注56

同じコミュニティに住む人々の苦境や悲しみに共感することはコミュニティの成員全員が健やかに生きるために欠かせない倫理であると捉え、大切な人と死別するといった人生の大きな困難に直面しても、安心して愛着をもって暮らし続けられるような地域社会を構築するというコンセプトです。

死者に対する最大の供養というのは「その人が生きていたらするであろうふるまいを繰り返すこと」です。自分が死んだ後も自分が今しているような日々の営みを誰かが継いでくれると思えることが慰めになるからです。自分という存在が「いのちといのちをつないでいる存在」だと受け止めれば、他者への優しさにもつながります。

多死社会の到来で承認要求は「生きがい」とともに「死にがい」も大切になっていきます。生活の質（ＱＯＬ）だけでなく死の質（ＱＯＤ）も大切な要素です。

まちづくりの目的に「死にがい」を掲げる時代が到来しています。

生きている間に備えがなければ、みんなが安心して死んでいける社会は実現しません。

超ソロ社会は、「困ったときに頼れるのは家族ではなく、近くの他人」という社会です。「いのちのバトン」「望ましい死」「死後生」などの考え方を軸にしながら、血縁のない者同士が助け合い、趣味サークルの仲間内で看取り合うという「看取りの互助社会」を形成しなくてはならないと思います。

第4章
介護は多死社会における基幹産業

介護はありとあらゆる人生と価値観を
背負っている人たちに対して、
どのパターンにも適応しながら
ケアをデザインしていく
高度に知的な作業である。

藤田　英明

AI化の進展でわかってきた人間の強み

第1章では多死社会の到来で多くの人々が「望ましい死」を求めるようになるのではないかと述べましたが、多死社会が到来する日本で大きなインパクトを与えるとされているのはAI化の進展です。AIとは「人間が行う知的作業をコンピューターにさせる技術」のことです。相変わらずマスコミ等ではAIの話題でもちきりですが、「データさえ集めればあとはAIにお任せ」というAIを万能視する風潮を疑問視する声が出始めています。

「AIの歴史は錯覚の歴史だった。2018年現在、現場レベルでは既に錯覚から覚めている」。注1このように指摘するのはAIの研究動向に精通した松田雄馬氏です。

「膨大なデータを集めることで環境の変化をすべて予測する」という力技によって支えられているのが現在の第3次AIブームです。AIを構成する理論的な背景（ニューラルネットワーク）は60年近く前の第1次ブームからほとんど変化していません。現在の第3次AIブームで注目を集めているディープラーニング（深層学習）もニューラルネットワークの発展型です。

そのニューラルネットワークですが、学習の仕組みは人間の脳の学習の仕組みと同じかどうか実はわかっていないのです。あくまで「仮説」に基づいて設計されたものです。

そもそも人間の脳はデータを学習するだけのニューラルネットワークのように単純ではありません。人間の脳は大脳や小脳、感情の形成にかかわる扁桃体やそれを支える脳幹を軸にしたさまざまな部位から成り立っています。脳幹の神経細胞は脊髄・延髄を通って体中に神経のネットワークを張り巡らせており、体中の神経は外部の環境と相互作用しています。これにより人間は与えられたデータだけで何とかして答えを導くことができます。さらに新しいデータを得るたびに正答率を上げていくことも可能です。

現在話題となっているＡＩが得意なのは画像解析や音声解析などですが、自然言語解析についてはあらかじめ与えられた構文のどれに近いかを判定して対応するだけです。依然として言葉を理解できないでいるのです。

「ものを見る」という行為一つをとってみても、単に画像を処理するだけではなく身体による豊かな経験が不可欠であることがわかってきています。「世界」は自ら能動的に働きかけを行うことによって初めて認識できるものであり、身体を持たず人間のような経験を伴わないニューラルネットワークは画像解析はできても外界が意味することを理解するのは不可能なのです。[注7]

環境との相互作用ができる身体を持つことを「身体性」と定義すれば、現在のＡＩには身体性は存在しません。このことは特に創造性の発露という点で大きなマイナスです。

「クリエイティブは日常に溢れている。クリエイティブであるためには体感に耳を澄ましそれに向

き合って身体の発露として臨機応変に対応することである」。注3

このように指摘するのは認知科学の専門家である諏訪正樹氏です。

創造性と言われるとついつい頭脳を駆使する作業と思いがちですが、ＡＩにも精通している諏訪氏によれば、日常生活に遍在している身体知（身体の発露として生じる知）が大事だということです。クリエイティブなものは、身体が直に感じていること、すなわち体感にしっかりと向き合い身体の反応として新しいものごとに着眼し自分独自の解釈を与えることで生まれます。

「主客未分」という概念は、武道の技術的な工夫の結果から出てきたものであり、極めて身体的な実感のある言葉です。「長期にわたって身体の中にすり込んでいってそれが蓄積して発酵して化学変化が起きてはじめてわかる」という意味ですが、従来の日本では「身体知」をこのように表現していました。

現在のＡＩには感情や情動を司る身体機構は装備されていません。「閉じた世界」で推論することはできても、認識の枠を柔軟に広げたりすることはできません。いわゆる「フレーム問題」ですが、まだまだ越えられない壁が多いのです。注4

このことからわかることは知能にとって身体は不可欠なものであり、身体があってはじめて脳は成長するということです。

諏訪氏は「感情や情動の中枢機構を基盤とする想定外の物事に着眼する能力なしに機械の知が人

の知を圧倒的に凌駕することは想像できない。ＡＩロボットは高齢社会に対処する有力な策にはなりえない」と指摘しています。注5

ＡＩは意識を獲得できるか

脳と身体の相互作用についての研究も始まっています。注6

電気通信大学の長井隆行教授は、知能と体などの関係性の要素を融合しながらＡＩロボットの開発を進めています。まっさらに近い状態のロボットを実環境で人間とやりとりさせることで、コミュニケーションを通じて視覚や聴覚、触覚などにかかわる概念や言語を獲得させ、最終的には「人間に似た」自律ロボットを実現しようとしているのです。

現在行っている実験は、０～１歳の赤ちゃんが母親などとかかわることで次第に他人というものを理解していくプロセスをロボットに体験させているというものですが、人間のように多様な能力を持つロボットが誕生するのは早くて２０３０年以降になるとしています。

現在実用化されているＡＩは特定用途に対応するいわゆる「弱いＡＩ」ですが、今後人間のような意識を持ち汎用型のタスクに対応できる「強いＡＩ」は誕生するのでしょうか。

結論を先に述べれば、ロボットの身体が人間のように自律神経を備え時間とともに変化しなければ、人間が有する意識を獲得することは不可能のようです。

AIやロボット研究の大家である浅田稔氏の見解を筆者なりにまとめてみると、以下のとおりになります。

「時間という概念が出てこない限り、自我(意識)は発生しないが、時間意識は個体が発生してから死に至るまでの過程を通じてはじめて獲得されるものである。このことから死の認識が自我の発生にとって不可欠であり、AIが意識を持つためには自らの死を理解できることが必要である」。注7
それではAIロボットが自らの死を理解するためにどうすればよいのでしょうか。

「ロボットが死を意識するようになるためには人間のように身体が朽ちていかなければならない」

と浅田氏は指摘します。注8
この方法は技術的に可能であっても、脆弱な身体を有するロボットは合理的な存在ではありません。強いAI誕生に不可欠な「死」の認識。人間はいつからこのようなものを持つようになったのでしょうか。

死の認識は人間の記憶と関係があります。人間の記憶は短期記憶と長期記憶に分かれますが、長期記憶の1つである「自伝的記憶」が死の認識と関係しています。

「人類は4万年前以降、自伝的記憶(自分を過去だけでなく将来にも投影する能力)をものにした。これにより将来を予測して将来の計画をうまく立てられるようになったが、死は自分という存在の

終わりなのだということがよくわかるようになった」。注9

このように指摘するのは精神医学の世界的権威であるフラー・トリー氏です。死を認識するためには内省的自己意識（自己が存在することに気付く能力）に加えて時間的自己意識（自伝的記憶）を獲得することが必要です。時間的自己意識は過去と将来という異なる次元を認知的に統合することによって生まれますが、これにより人は過去を利用して未来を把握することが出来るようになるのです。注10

子供の自伝的記憶の発達に関する研究では、６歳未満では死を理解していないことが多いのですが、９歳を過ぎる頃からその認識が深まることがわかっています。

人間は自伝的記憶という並外れた能力を獲得したことにより、「死に対する不安」という副産物から逃れられない運命を背負うことになったと言えそうです。

ＡＩ時代で重要となる仕事

ＡＩ化の進展でこれまでの仕事（特に高度な専門知識を必要とする頭脳労働者の仕事）の多くがなくなると言われています。雇用問題に詳しい海老原嗣生氏は「パソコンで完結する職務から機械代替が始まるが、機械のやらないこまごまとした『すき間』を埋める作業を人間が担い続けること

になる」と指摘しています。注11

海老原氏の指摘を私の理解でまとめてみると次のようになります。

人間が行う10の作業工程からなる仕事があるとします。現在のＡＩはけっして安価ではありませんので、企業はすべての工程を自動化するのではなく付加価値の高い１〜２の工程だけをＡＩで自動化するでしょう。その結果残った仕事（すき間労働）は誰でもできる簡単なものだけになり、熟練の労働者は不要になりますが、10ある作業工程のうち１〜２個を自動化するだけなので仕事の総量はあまり変わりません。

少子高齢化が進む日本では人手不足が続くことから、企業は自動化により増加する収益で給与アップを図り人材確保に躍起になり、働き手は単純な仕事をやるだけで現在よりも給与は格段に良くなるというのが海老原氏の見通しです。

「ＡＩ化の進展により仕事は簡単なものばかり残り人々はつらい修業から解放されるが、給与はアップする」というにわかには信じがたいバラ色のシナリオですが、大きな落とし穴もありそうです。人間は高い報酬を得られたとしても、努力して勝ち取る成長の喜びを体験できなければ、労働に対して価値を見出さなくなり、人生の意味を失ってしまうからです。

ここで視点を変えてＡＩの導入で失われる仕事とは何かと考えてみると、その多くは時代のニーズに合致しなくなったもののようです。

社会人類学者のデヴィッド・グレーバー氏は「Bullshit Jobs（どうでもいい仕事）が世界中で増えている」と指摘しています。注12

グレーバー氏は英国の調査会社の結果である「英国の労働者の37％が自分の仕事は社会に対して意味のある貢献をしているとは思っていない」という回答をもとに、「テクノロジーが無意味な仕事を作り出す方向に使われている可能性がある」と主張しています。

国際労働機関（ＩＬＯ）は１９９９年から「ディーセント・ワーク（働きがいのある、人間らしい仕事）」の必要性を訴えていますが、人間としての働きがいのある仕事とは何なのでしょうか。

グレーバー氏は「自動化が進めば進むほど、忍耐のいる仕事が必要となってくる。ケアの提供という要素は今後労働における主要な要素として捉えることが重要である」とした上で、『何か役に立つことをしていればそれほど高い給料を払わなくてもいい』という間違った考えが広まり、社会に貢献している人ほど賃金が低いという理不尽な事態が発生している」と現状を嘆いています。注13

「死」は生きるための原動力

前述したとおり、人間は自伝的記憶という能力を持ったことで常に自分自身の死に思いを巡らせる状態になってしまいました。

賢く、自らを意識し、思いやりがあり、自分を省みることができ、将来について思いをめぐらせ過去を振り返ることができる「自伝的記憶」を持っていることで人間は「宗教」を求め、良くも悪くもその観念や規範、信仰に殉ずるようになったのです。

人間は未来を想像する力があることからしばしば絶望する一方で、問題解決の展望があれば希望を持つことができます。

死ぬことがつらいことに変わりはありませんが、「有限な人生」という意識が自らの人生を「固有の物語」で彩っていこうとする意欲の源泉になることもまた事実です。死ぬことがなくこのまま生き続ける状態では「やっておくべきことは何か」とか「会っておくべき人は誰か」というような発想は生まれてこないでしょう。

「死の恐怖は、やりがいのある人生にするためという観点から、どれだけホモサピエンスの精神の刺激に役立ったことだろうか。相当な脳の刺激になったことは間違いない。死の発見は偉大である」と新谷氏は述べています。注14

愛する者の死は心の奥底にあっても一度も表現したことのないような気持ちを引き出し、残された者に決意や絆を生じさせる契機となります。

宿命を引き受ける構造（有限の生）があるからこそ、眼前に広がった有限の世界の中で生をなるべく充実したものにしようという計画性や意図が生まれてくるのです。死があるからこそ人間の生には意味が与えられると言っても過言ではありません。

イスラエルの歴史学者であるユヴァル・ノア・ハラリ氏の著書『ホモ・デウス』が日本でも話題になりました。ハラリ氏は人類史を俯瞰《ふかん》しながら、テクノロジーを用いて世界や自分自身を作り替えていく人間の営みを描いています。彼の議論の中で重要な意味を持つキーワードは「不死」ですが、「人間が死なない」ということを想像することはむしろ怖いことではないでしょうか。不死は桃源郷であるよりも「世代交代による新陳代謝のない世界」だからです。死のない状態には意味はなく、恐ろしいほど退屈なものなのかもしれません。

介護は本来クリエイティブな仕事

介護の現場で活躍されている方々の書籍を乱読していくうちに「介護ほどアート（名人芸）が必要な世界はない」と筆者は考えるようになりました。

超高齢社会（多死社会）で介護が非常に大切な仕事であることは言うまでもありません。日本の要介護認定者数は６４４万人です（２０１８年現在）。

現在約１８０万人の方々が介護の現場を支えてくれていますが、２０２５年には２５３万人の介護職員が必要とされており、毎年約10万人のペースで増やしていかなければなりません。

介護保険制度からの介護給付費は約11兆円（２０１８年現在）であり、２０２８年に20兆円になると予測されています。20兆円という規模は電力業界と同規模であり、周辺産業を含めると２０２５年時点の市場規模は約１００兆円にまで成長するようです。

しかし介護は「３Ｋ仕事」というイメージが定着しているため、ニーズの急増に担い手が追いつかず、２０２５年に約38万人の介護職員が足りなくなるという予測があります。

多死社会の下で１人でも多くの方が「望ましい死」を遂げるためには、介護従事者のモチベーションアップは不可欠です。

「介護はありとあらゆる人生と価値観を背負っている人たちに対して、どのパターンにも適応しながらケアをデザインしていく高度に知的な作業である」。注15

このように指摘するのは介護事業の運営に携わっている藤田英明氏です。

藤田氏が求める介護従事者の資質とは何でしょうか。

介護施設に１００人の入居者がいたら、１００人それぞれに違うサービスをしなければなりません。初対面の人の心理的な壁を除去する必要があり、カウンセラーや精神科医と同じような能力が求められます。頭で冷静に考えつつ肉体労働し、自分のメンタルをコントロールすることも必要です。エモーショナルな仕事のようで実は科学的であり、かつコミュニケーション能力が高くなければできないという非常にハイレベルで知的な仕事なのです。人の幸せに直接貢献できる素晴らしい仕事であることは言うまでもありません。

介護とは一方的な行為だと思われがちですが、実際に微細な動作を観察していくとそうではないようです。人間行動学者の細馬宏通氏は、こう指摘しています。

「私たちは誰かと共同して何かを達成しようとするとき、お互いの身体を調整すべく開いている。高齢者を単に一方的な介助の相手としてではなく介護行動のパートナーとして見直す必要がある。介護とは介護する側が自分の身体の使い方を問い直すことであり、身体がどんな時間と空間を使って動いているかを点検し直すこと、その答えを教えてくれるのは当の相手の高齢者である」。注16

すなわち介護とは、介護職員と非介護者の双方が身体をそれぞれのやり方で動かすことではじめて達成される相互行為というわけです。

AIやロボットで代替できない「顔の見える介護」

知性・感性・コミュニケーション能力のすべてを動員し、極めて情緒的な能力が求められ、人間の自立と尊厳を担うという介護ほど人間的な仕事はありません。日本人独特のきめ細やかさ、目配り気配りが活かされる領域でもあります。

しかし暗黙知が多いがゆえに能力が測りにくいという難点があります。注17

人手不足に苦しむ介護の現場では業務の「効率化」が進み、「利用者のことを知る時間がとれない」との悩みの声がよく聞かれます。しかし認知症に関していえば、顔の見える介護の方が「効率的」だということがわかってきています。注18

顔の見える介護は手がかかる高コストの戦略に思えますが、1人1人に合わせた顔の見える介護というやり方が最も効率的な方法であることが判明したのです。

1人1人に合わせた顔の見える介護ができれば介護者と被介護者との間に良好な関係が構築され、施設内全体に落ち着いた穏やかな雰囲気が広がります。そうなれば転倒したり床ずれが減るなど被介護者の生活の質が高まるとともに、介護士の仕事が短時間でこなせるようになることから、システム全体がうまく回り始めるようになるのです。

介護従事者のモチーベーションも上がります。各利用者を1人の人間として理解するよう奨励されれば、介護従事者の「燃え尽き」やストレスが減り、目的意識が高まります。

このように認知症介護の「効率性」は局所的な文脈に依存するものであり、一般化して大規模に適用するのは不可能なのです。大規模に適用することを前提とした知識ではなく特定の個人について掘り下げた知識が効率性を生み出すという事実は、ビッグデータ解析の限界を明らかにしています。

ＡＩやロボットの登場によって介護の仕事も徐々に代替され始めています。中でもコミュニケー

ション・ロボットが介護の現場で普及し始めていますが、課題が多いようです。注19

適当な返事をして単に会話の相手をするのなら今でもある程度できるようですが、相手の意をくみ取ることは無理であり、認知症の高齢者との会話となるとまったくお手上げの状態だからです。

最良の介護とは社会的文脈の中で１人１人の利用者を知り、その人のニーズに最適な方針を打ち出すことですが、「絶妙なタイミング、絶妙な方法で絶妙な言葉をかける」ことが決め手となります。ＡＩやロボットが人に寄り添うように日常生活に入り込むためには、「身体がもたらすクリエイティブ」さが不可欠ですが、それをＡＩやロボットに求めるのは不可能であることは既に述べました。ＡＩやロボットが高齢者の主体性や自発性を引き出すことは不可能なのです。

コンピューター・アルゴリズムにはさまざまな可能性がありますが、他人に関心を持つという行為はできません。関心を寄せ、気遣いをするために人は存在するのです。

「人間どうしの関わり合いを大事にして被介護者の尊厳を維持する」という介護の根本的な部分を「人間にやってほしい」というニーズはなくならないと思います。

人と人との良好な関係を築く介護

しかし介護の現場にも問題があります。

「世界中で高齢者への『無意識下の人間性の否定』が起きている」。注20

このように指摘するのは「ユマニチュード（フランス語で「人間らしさ」）」という画期的なケアの技術を世界に提唱しているイヴ・ジネスト氏です。

ケアが最初に始まったのは欧州の修道院だったことから、「ケアの本質は奉仕である」との認識が強く、ケアを通して自らが喜びを感じることは長らくタブーとされてきたことをジネスト氏は問題視しています。注21

日本の看護文化も自己犠牲の精神がいまだに根強く、「助ける—助けられる」という一方的な関係になりやすいとされています。

介護関係を人と人との良好な関係に変えるにはどうすればいいのでしょうか。

「相手に自分と同じ心はない」「相手は何もわかっていないのだ」と思ってしまうと相手を無視したり、つい情け容赦のない態度をとってしまいがちですが、「あなたは私と同じ価値を持っています」と自分の感情を正直に表現しやさしさを伝えることで、相手は「自分は尊重されている」と感じることができ強い関係性が結ばれます。

ユマニチュードに込められている技術は、ケアの知恵であるばかりでなく、感覚や認知の異なる者どうしがつきあうための知恵でもあります。

「それを実際に実現させる技術を習得することが重要である」注22とするジネスト氏ですが、ケアのテクニックは自分で体験してはじめてわかるものです。

さらに深刻な問題は介護の現場でも「死がタブー」であることです。注23介護の仕事にとって重要なのは、要介護の人たちの身体的に出来ないことを物理的に世話するだけではなく、「どう生きたいか、何をしたいのか」という気持ちのサポートをすることです。「人間はどう生き、逝くのか」という深遠なテーマに向き合い、死に向かって生きている人に対し元気を与え前向きに死なせてあげることが本来の目的のはずなのに、「死がタブー」なのです。注24

多くの介護現場では「老い」は対処すべき課題とみなされ、掲げられた目標をクリアすべきものと認識されています。介護という仕事は「技術」としてマニュアル化され、問題解決のための対処法に重点が置かれ、「老いるとは何か」「人間はどう生きるべきか」といった哲学的な問いや葛藤は求められないのです。

「死に向かっていかに穏やかに下っていくことができるのか」という人生最大の課題をなおざりにしている現状について、介護の現場で介護民俗学の活動を続けている六車由美氏はこう指摘します。

「介護現場で聞き書きを行うことでお年寄りの生き方が立体的に浮かび上がりお年寄りとスタッフとの関係性が逆転する。さらに社会において価値を失って無用のものとみなされてしまった『老い』に再び価値を見出すことができる」。注25

介護民俗学とは耳慣れない言葉ですが、民俗学で培われてきたものの見方や聞き書きによって、高齢者達の歩んできた人生に真摯に向き合い、人が生きることの意味や人間の営みの豊かさについて考えていくための介護現場の取り組みです。

六車氏は「何の躊躇も気兼ねもなく屈託なくただ笑うことができるようになり、それまで自分を守るのに必死だった私が、様々な人たちとかかわりながらどんどん変わっていくことを楽しめるようになった」と、注26 自らの体験に基づき高齢者と接することの効用を強調しています。

日本でもかつては現役から退いても長年培ってきた経験知によって、高齢者達は現役世代から意見を求められ、それによって高齢者も自らの役割を果たしながら共に社会を作っていました。現在は「老い」は厄介なものとしてしかとらえられなくなり、老いにより自立できなくなった高齢者は一方的に介護され保護されるばかりです。

老いが厄介者でしかない社会では、高齢者が悲惨なばかりでなく、若者達もどんな希望を持って歳を重ねていけば良いのかわからない状況になっています。「老い」が意味を失った社会では若者が大人になることに意味を見出せないのは当たり前です。

「介護現場はその縮図である、介護職の離職率が高いのは給与が低いのも1つの要因だが、『老い』と向き合う自分の仕事に希望が持てないことの方が影響が大きい」。注27

六車氏はそう指摘した上で、「お年寄りとともに『老い』に向き合い、たとえそれが後ろ向きに見えようとも、穏やかに希望をもって人生を下りきることができるまで寄り添い続けることが必要と

される支援ではないか」と主張しています。注28

地域包括ケアシステムなどにより、要介護状態となった人たちをいかに地域でケアしていくかという仕組みが考えられていますが、要介護状態となった人たちも１人の人間として地域において存在価値を持ち、互いに支え合って地域社会を形づくっていくという発想が乏しいのが現状です。

認知症介護の醍醐味

『『もう一度生きていこう』という気持ちを起こすような介護がないなら、やはりそれも『姥捨山』なのです。たとえ億単位の入居金が必要な有料老人ホームであろうと』。注29

このように主張するのは人間性を重視した介護のあり方を提唱している三好春樹氏です。高齢者が「こんな体になったけど生きていてよかった」と思える体験をしてもらうことが介護の仕事だとすれば、介護の仕事は「その人にとって何が生きがいか、何が幸せなのか」というところまで入っていかざるを得ません。

介護は「人生」に関わる仕事だとすれば、最も役に立つのは専門性より人生経験です。

逆に言えば、高齢者から学ぶことにより適応するのがいい介護なのかもしれません。

介護がその人の人生に関わる仕事だとすれば、１人１人個性的ですから、マニュアルではなく、創意工夫に頼るしかありません。介護は「老い」という自然を相手にする仕事です。支配、管理しようとしても無理です。

介護現場ではアイデンティティが確立している高度な専門家ほど、認知症高齢者とのコミュニケーションがとれていないようです。一方的に診断し、薬という化学物質の力でコントロールしようとするからでしょう。

三好氏はさらに「介護は実はタイムマシンなのです」と指摘します。注30 高齢者とつきあうということは自分の未来と向き合うことであり、自分の老いや認知症にも具体的なイメージがわくからというわけです。逆に高齢者介護をやったことのない人には自分の老いがぶっつけ本番でやってきます。

三好氏は現在の認知症治療について「日本では大量の薬が認知症の人に出されていますが、認知症が治るわけではありません。使っている現場の印象では、効かないだけでなく、怒りっぽくなったり、食べ物の呑み込みが難しくなったりすることが多くて困っているのです」と批判的です。注31 認知症の中で過半数を占めるアルツハイマー病の治療薬については、過去20年間「今度こそイケそうだ」と期待しても結局「あまり効果がなかった」の繰り返しになっており、「画期的な薬が開発されて認知症の問題は抜本的に解決される」と過度の期待を抱かない方がよいようです。

2019年3月23日付日本経済新聞は「認知症、遠い新薬開発」と題する記事を報じました。エーザイが新薬候補だった「アデュカヌマブ」の国際臨床試験を中止すると3月21日に発表したことが、この記事が書かれたきっかけですが、米ファイザー社や米イーライ・リリー社、スイスのロッシュ社などの製薬大手も相次いで開発を中止しています。

アルツハイマー型認知症は、脳の神経細胞が変異し萎縮する病気です。神経細胞の変異が起こる仕組みについて「アミロイドベータ」と呼ばれるタンパク質が神経細胞に沈着することが原因の1つではないかとされていますが、明確にはわかっていません。発病のメカニズムが解明されていないことから、治療薬の開発は難航しているのです。

薬の効果判定が難しいことも開発をさらに困難にしています。認知症の症状は血圧などと異なり数値化することが難しいからです。

現在、認知症を根本的に治療する薬はなく、脳内の神経伝達物資の分泌量を増やして脳の活動を活発にさせる薬が中心です。これらは認知症の進行そのものを抑えることができないばかりか、患者によっては暴力性が増すなど負の側面もあります。

認知症の主な症状は、次の2点です。

「ここがどこで、今がいつかわからなくなる」（見当識障害）

「ついさっきのことをもう忘れてしまう」（記憶障害）

これら2つの障害がありながらも、患者がその人らしく暮らしていくことを支えることは可能です。

「深い認知症がありながら、ちゃんと落ち着いて暮らしている人を何百人も見てきたんですから。さらに、いつも人に気を遣って笑顔を見せて、周りから尊敬されている人もいっぱいいました」と三好氏は語っています。注32

認知症で苦しむのは人間だけのようです。人間だけが時間意識を持っていることから過去の自分と今の自分を比べて、プライドを失い、将来を考えて絶望して、卑屈になって引きこもったり、傲慢になって暴言を吐いたり、周りを振り回してみたりするのです。

人間以外の生き物は、時間というものがなければ過去の記憶もありませんから、今の自分が自立していないからといってプライドが傷つくことはありません。未来を考えることもないのですから将来に対する不安や絶望もないことになります。

しかし人間の場合は濃密な過去が記憶として残っており、空白の現在に入り込んでいます。そこで過去の印象深かった時間と空間が「いま、ここ」であるかのように現れてくるのです。

それではどんな人がケアがうまいのでしょうか。答えは「その場しのぎ」がうまい人です。「その場しのぎ」などに頼るというのは専門家にあるまじきやり方だと思われがちですが、現場で実証された認知症の人たちの特性に合わせたやり方なのです。

介護の３Ｋについて三好氏は「感動」「健康」「工夫」と言い換えています。注33　介護には創造性がないように見えていますが、非常に意義深い醍醐味のある仕事です。

政府は、科学的なデータや可視化しにくい経験値をＡＩに蓄積することで介護を巡る社会環境を改善する取り組みを始めていますが、やはり決め手は「人間力」ではないでしょうか。

硬い知性から柔らかい知性へ

残念なことですが、介護職員による入所者への虐待事件が増加しています。そのきっかけになるのは認知症高齢者の排泄のトラブルであることが多いことから、問題行動の原因とならないような日常生活をきちんと作り上げることが肝心です。

認知症高齢者の問題行動の直接の原因は、①便秘、②脱水、③発熱だからです。[注31]

人はいつ便意を覚えるのでしょうか。胃に食べ物が入ると、胃・大腸反射で腸全体が蠕《ぜん》動《どう》運動を始め、そのときに糞便を直腸に送り込んで便意が起こるのです。しかも１日３回の食事のうちの朝食後が最も便意を感じやすいこともわかっています。

このことから朝食後に便座に座ってもらう習慣をつければ、便が出ることが多いのです。

生活の基本に「快」を作り出すための工夫をすることが、虐待を起こさない介護現場のあり方だと思います。自分の目で見、耳で聞き、身体で感じたことだけを信じるという姿勢こそが、いい介護の大切な条件なのでしょう。

そうした観点から三好氏は「硬い知性」に批判的です。

硬い知性とは近代的合理主義のことを指します。何事にも合理的根拠と因果関係を求め「こうでなくてはならない」という強い信念を持っており、現在の日本社会で大変評価されているものです。しかし近代的合理主義が通じるのは、自立していて健康な人だけです。

老いや障害、認知症といった異質のものは近代的合理主義の前提を危うくするため、病院や施設に隔離されています。

合理主義になじんだ近代人にとってアイデンティティ（自己同一性）は必要不可欠とされていますが、自己同一性は、自分の中の「非同一的」なものを排除して成り立っており、アイデンティティを強く持った人ほど、異質な他者への差別を生み出す傾向があります。

このことを問題視したのは「アウシュヴィッツのあとで詩を書くことは野蛮である」という言葉を残したことで知られているドイツの哲学者、テオドール・W・アドルノです。

ともすれば排他的で支配的になりがちとなるアイデンティティがはらむ暴力性を解体するためには、概念的に固まってしまった同一的なものが　他者との身体的な経験によって非同一的なものへと揺らいでいく過程が重要です。

その過程は具体的には「未知の微細な部分に反応するために力の限り目を凝らし耳を傾ける」こ

とですが、この行為は認知症高齢者に関わっている介護職そのものです。注35 いい関わり方ができるためには自分自身を空っぽにしたほうがよく、「あなたのような方が歳をとってどう生きればいいのかという見本を若い者に見せてほしい」といった気持ちでつきあっていくと認知症高齢者と円滑なコミュニケーションがとれるようです。臨機応変、融通無碍、常識や前例にこだわらずその場その場で必要ならなんでもやってしまう自由さ、それが「柔らかい知性」です。

介護現場で毎日行っている経験こそが、「硬い知性」が陥りやすい「暴力」にブレーキをかけると言えそうです。

介護分野へのテクノロジー導入

介護の仕事をやりがいのあるディーセント・ワークにするためのテクノロジーの導入も始まっています。

「汚い」については「トイレの失敗」が介護職の悩みの最たるものですが、便意を催す前に機械が察知して知らせてくれる「排泄予知デバイス」という製品が登場しました。注36 腰にセンサー機器をつけておき、膀胱に超音波を当てた反応によって小便が溜まっているかどうかがわかります。これにＡＩを組み合わせて「この人はここまで溜まっている段階ですよ」ということが解析によってわかるようになり、漏らしてしまう前にトイレに連れていくことができるそうです。この製品の精度がどんどん高まり、下の世話についての「汚い」が解消されれば、トイレの失敗の処理が介護職には相当な体力的負担にもなっていることから、「きつい」についても相当程度軽減できるでしょう。

認知症の人にとっても、不快の感情がありますから漏らしていると本人にとってもストレスにもなり、機嫌が悪くなったり、暴力を振るったりするのです。トイレの失敗がなくなればストレスが軽減されて落ち着いて過ごせるようになり、オムツをせずに生活することができるようになります。床ずれにもならなくなり、高齢者の尊厳も保たれます。

介護全体に関するテクノロジーを機能的に整理すると、①感知系と、②対応系とに分けられます。感知系とは感知センサーを応用したもので、異常察知、見守りなどに利用されます。対応系とは腰の負担を軽くするといったパワーアシストのようなものや省人化を目的としたものです。例えば食事、入浴、排泄、移動などについて介護職の手間や負担を軽減させるものです。前述したコミュニケーション・ロボットは対応系の中の「会話補助」という位置づけになります。

様々な介護のシーンで使えるものが開発されていますが、テクノロジーで代替できることは限られており、介護施設の中をＡＩロボットが闊歩して利用者をケアする光景は現実的ではないようです。それでも感知系の方は導入が進むと考えられています。人の作業の隙間を埋めてくれる部分にこそテクノロジーの出番が大きいからです。[注37]

人の目で始終見守るのは限界があり、次の展開を予測する機器の需要は大きいと言われています。将来の介護のイメージとしては、食事や入浴、排泄や移動の介助として対応系のテクノロジーが一部導入され、施設のあちらこちらにカメラが設置され、利用者が見えないところで感知系のテクノロジーがフルに稼働しているというもののようです。

テクノロジー導入によって生み出された時間と気力で対人ケアの部分を充実できるようにすれば、介護の仕事はディーセント・ワークになりますが、現状はテクノロジーを開発するメーカー側が介護の現場のニーズをわかっておらず、現場もニーズを伝え切れていないという状況が多いようです。相互の共同作業が活発化することにより介護現場の改善が少しでも早く進むことを筆者も願っています。

藤田氏はさらに「介護職のサービスの質を評価するために動画解析の技術が活用できる」と興味深い主張をしています。注38 介護現場を動画撮影して定点観測を行えば「入居者の立ち上がり方がスムーズになった」「歩行速度が上がってきた」などケアがどのように成果につながっているかがわかるというわけです。

動画を解析することは介護のロジックを学術的に体系化することにもつながり、介護を曖昧とした概念論から技術論に進歩させることができるのはないでしょうか。注39

要介護認定にかかる事務コストは概算で年間１兆円に上りますが、すべての介護施設にカメラを設置し動画を蓄積しそれを解析していくことで、要介護認定はすべてコンピューター上で行うことができるようになれば、大幅なコスト削減が実現できます。注40

先述した排泄予知デバイス（ＤＦｒｅｅ　おむつからの解放という意味）を開発した中西敦士氏の目標は、おしっこやうんこに関する「排泄のビッグデータ」の収集・活用ですが、注41　ＩｏＴ技術を利用することにより、要介護認定された６６０万人分のデータ（要介護度、男女、年齢、身体的機能、精神的機能、家族の状況、認知機能など）が集積可能です。

テクノロジーの導入は、多死社会における基幹産業となる介護活動の健全な発展のために必要不可欠です。

介護に最も重要なのは母性

子供の世界という基礎の上に「自立した個人」という社会性をつくりあげたのが、大人の社会です。そして再びその社会性から解放されて再び子供の世界に回帰していくのが老いの世界です。

かつて介護職は「寮母」と呼ばれていました。

寮母という言葉は「女性にのみ介護を押しつける男性中心主義」と評判が悪いのですが、「寮母」と呼ばれていた現場の人たちは母性的に高齢者に関わっていました。彼女たちは認知症の高齢者をまるごと受け入れ、巧にコミュニケーションを取っていました。

子供と同様に認知症高齢者に必要なのは「母」だからです。母とは母性を意味しますが、母性とは「弱い立場の人、困っている人を目の前にするとなんとかしてあげたいと思う、人間が本来持っている性質」のことです。注42

現在の介護現場では男性の方がむしろ母性的であったりするのは珍しくないとされています。特に入所者の８～９割を占める高齢女性に対する関わり方は男性職員の方がやさしいから非常にうまくいくそうです。入所者が「母」を求めていれば男性介護職であっても母性的に関わります。

理解不能としないで、耳を傾け、目を凝らし、硬直した自らの「世界」を変え、原因が何かひとまず置いといて、認知症の人の脳が作る世界で起こっていることを現象として見ることが大事だということです。

三好氏によれば、認知症の症状の１つである「見当識障害」の変化の仕方には法則性があるということです。家は男性にとっては出て行くところで、女性にとっては帰るべきところのようです。でも共通しているのは「大変だったけどやりがいがあって頑張っていた」頃、すなわち、人生の中で最も自分らしかった頃へと現在の認識が変化しているらしいのです。注43

認知症の高齢者が「家に帰る」と訴えるのは、「家」という空間を求めているのではなく「関係」を求めているのです。これまでの人生の中で大変だったけど人から信頼されていた、やりがいのあった時代に回帰します。

「自分がとても自分とは思えないよ。歳をとって物忘れもして、施設に入って人の世話を受けてるけど、自分が紛れもなく自分だと思えるような『いま、ここ』を作ってくれ」という叫びにいかに応えるかが母性の真骨頂です。

日本人は自分が自分であると実感するためには、周りの人の評価、さらには社会的役割が不可欠です。社会的関係によってアイデンティティを確認する傾向が強い日本人が、社会的役割がなくなっても落ち着いて安らかでいられるためには何が必要でしょうか。

「それが本当のアイデンティティと呼べるものですが、生きていることへの肯定感です。認知症の高齢者が生きていることへの肯定感を得られるかどうかは、かつての母子関係で決まってくる」と三好氏は主張します。注44

生きているということへの肯定感を感じられない人ほど、学歴、社会的地位、金といったもので埋め合わせようとするそうです。

母性とは本来とてもプライベートなものですが、介護の世界では本来は他人であるはずの人間が認知症高齢者のニーズである母性に応えていこうとします。

老人のノスタルジーをきちんと保証することが必要な介護の世界では、最終的に擬似的な母子関係というところにたどり着き、専門性は二の次になります。

介護は高齢者とともに失われた共同体や故郷に帰っていくことで、抽象的かつ客観的人間観ではなく、具体的かつ関係的な人間関係を取り戻す力を持っています。

介護も養育と同様、本質は受けとめであり、母性なのです。慈愛や愛、と言い換えてもよいでしょう。

第5章 多死社会に不可欠な母性資本主義

体力や命の限りがあるからこそ
感動や幸福感を味わうことができる。
情報革命によってデジタル化が進むほど
知識ではなく、
人の感覚や感情を重んじる傾向が強まる。

角田 陽一郎

「資本主義」を改めて考える

多死社会の到来で社会のパラダイムが変われば、現在の資本主義も大きく変わるのではないでしょうか。ここで改めて資本主義について考えてみたいと思います。

資本主義に関する議論がさまざまになされていますが、そもそも資本主義という言葉（正確には「資本主義的生産様式」）は、19世紀後半にマルクスが英国経済の現実について与えた名前であり、理念に対して与えられた名前ではありません。醜い現実に対して「できれば克服したい」「捨て去りたい」という思いでつけられた名前であり、むしろ罵倒に近いものだったのです。資本主義という言葉には「ありうべき理想（人々が平等な権利を持ち自由な存在として肯定される社会の実現）が十分に実現していない」という意味が込められていたのですが、時が経つにつれて、そうした理想や定義を不問にしたニュートラルな意味で使われるようになりました。

当初から積極的に定義されてこなかった資本主義の中身は変化し続けています。

資本主義は、収入と費用を比較して利潤がプラスであればさらに追加で投資を行い、利潤がマイナスであればそこから資金を引き揚げるという極めてシンプルな原理だけで動いています。だから容易にグローバル化できたのです。注1

マルクスの頃と現在の資本主義の中身は大きく変化していますが、20年前の資本主義も現在のそれとはかなり異なっています。

基本的には資本主義は「モノの生産を伴う組織的な活動全体」と定義できると思いますが、現在ではモノには還元できない他の要素さえ受け入れるようになっています。

片っ端から商品として、できる限り多くのものを市場に流通させようとする、そうした性質を持っているのが資本主義というシステムです。

資本主義における主役はものを作る産業（製造業）から人と人とを結ぶ産業（サービス業）へと変わっており、最近は心の満足感を届ける産業が注目を集めています。いわゆる「コト」消費のことですが、人々が心の動きに合わせてお金を使う時代がやってきたと言えそうです。

モノを生産する（produce）という言葉の語源は「前に導く、見せる」であることを根拠に、哲学者のマルクス、ガブリエル氏は「モノを生産する」ことはある意味で「ショー（見世物）だ」と喝破しています。注2 フェイスブックの「いいね！」もモノの生産だとしてしまえば、資本主義はあらゆるものをショーとして測定する経済システムです。

資本主義における商品開発の基本戦略は付加価値と差別化です。差異さえあれば途方もないもの、例えば「人生そのもの」までもが「商品」となるかもしれません。

以上のように考えると資本主義に代替するシステムはありません。

資本主義の問題点を鋭く指摘する経済学者の岩井克人氏は、「ほとんどの人は資本主義がポンコツ車であることを知っている」としながらも、ウィンストン・チャーチルの名言をもじって「資本主義は最悪の経済のシステムである。しかし資本主義以上のシステムは存在しない」ことを認めています。注3

たかがポンコツされど代替できないポンコツというわけです。

このように資本主義自体はしぶといシステムであり、未来の資本主義は私たちが知っているシステムとは相当違うものになると思います。

デジタル経済の限界

資本主義は競争によってすばらしい科学技術を次々と生み出し、世界を豊かにしています。しかし技術が持っているしくみや発想法を通して社会や自らのことを捉えがちになるという弊害が生じています。

人間は自分がつくりだしたもの（技術）を「ものさし」にして、それを模倣し、それに従属して自らを改変しようとする悪い癖があるからです。

技術導入の価値基準が合理性や効率であることから、人間はドライで冷たい思考になりやすくなっています。さらにデジタル技術の場合、その進化が高速すぎるために人間の思考からゆとりまで奪うようになっています。

左脳を中心に鍛える知識偏重の教育に人間の左脳機能に近いＡＩが加わると、右脳が関わる人間の心が追いつかなくなり、社会のバランスは非常に悪くなる可能性もあります。

現代の資本主義を牽引しているのは間違いなくデジタル技術ですが、その成長には限界がありそうです。

デジタル技術（情報通信技術）の発達によってもたらされているＳＮＳ（ソーシャル・ネットワーク・サービス）や検索エンジンなどのサービスに共通する特徴が「価格がゼロだ」ということです。ツイッターもフェイスブックもウィキペディアもグーグル検索もすべて無料です。

無料にもかかわらずグーグルをはじめとするデジタル財を供給する企業は非常に儲かっていると言われています。グーグルなどの売上げは膨大ですが、その収益源は広告収入です。ユーザーの検索履歴などのデータをマーケティングに使うことで得られる利益が大きいのです。つまりユーザーは検索サービスを無料で使わせてもらっている対価として、広告を強制的に視聴させられているというわけです。注4

ユーザーが広告視聴という対価を支払っているのは確かですが、その対価の額はグーグルの検索サービスがもたらす効用と釣り合っているのでしょうか。

グーグルのチーフエコノミストを務めるハル・ヴァリアン氏の試算によれば同社のサービスがもたらす効用が1500億ドルだとした場合、それにより得られる実際の広告収入は360億ドルに過ぎません。注5

このことは大儲けしているはずのグーグルは実は「大安売り」をしており、本来もっと儲かってもおかしくないということを意味します。

LINEについても同様のことが言えます。

東京大学がLINEのユーザーを対象にアンケート調査を実施したところ、「自分以外のユーザーがこれまでどおりLINEを使っているという条件下で自分だけがLINEをやめるとすればその代償として年間470万円が必要」との回答を得ました。この結果から「典型的なユーザーにとってLINEは年間470万円の価値があるサービスである」ということがわかります。これに7000万人と言われるユーザー数を掛け合わせればLINEが本来獲得すべき収入は膨大な金額になりますが、それに比べればLINEが実際に得ている収入は桁違いに小さいのです。注6

グーグルの持株会社であるアルファベット社CEOのラリー・ペイジ氏は2014年11月「20年後の世界は仕事のほとんどが機械によって代替され、巨大なデフレが起きる」との見解を述べています。

このことからデジタル経済が進むことによって、資本主義経済全体が干上がってしまい、最終的には行き詰まってしまうとの懸念があるのです。

世界で金融危機が再び発生する？

デジタル技術の進歩と相まって世界経済のグローバル化が進みましたが、経済評論家の中前忠氏は「２０２０年代の世界経済は、中国に見られる工業化バブルと米国の資産バブルの崩壊を受けて、大きく低迷していく」と警告を発しています。注7

２０１０年代は大きな３つのバブル発生で成長してきました。

１つ目のバブルは、世界の中央銀行が通貨を大量発行したことによる資産バブル、株価や不動産価格の上昇ですが、この流れは１９８０年代から始まっています。

１９８０年代以降の世界経済の拡大は、供給サイドの構造をより柔軟にし経済活動全体を活発にすることを狙いとする競争重視の改革の成果だと言われていますが、世界経済で最も変化したのが金融セクターでした。振り返ってみれば、その本質は中央銀行が通貨を増発することによる成長政策だったのです。

米国全体の債務残高のＧＤＰ比は１９８０年時点では１５０％程度だったのですが、それ以降急激に増加して、２００８年のリーマンショックが起きた時点では３８０％にまで膨らみました。現在も340％台と依然高水準です。

米国の実質賃金は1980年以降上がらなかったにもかかわらず、金融セクターが積極的な貸出しを続けたことにより、消費者ローンを中心とする借金をあてにした消費主導型の経済が出来上がってしまったのです。

金融が大幅に緩和される中で債務が拡大し、それが限界に到達したのが米国のサブプライムローン問題でした。リーマンショックを契機に通貨増発政策を転換すればよかったのですが、実際には通貨の供給を一層拡大する政策をとり、さらに大きなバブルをつくり出してしまいました。

2つ目のバブルは技術革新ですが、今回の場合は過度のIT（情報技術）化がもたらすひずみの拡大です。グーグルなどの情報技術企業（ビッグテック）が極端に巨大化して、これ以上の成長が望めなくなっていることは既に触れました。

3つ目のバブルは、世界的な金融緩和の中で、新興国、とりわけ中国が工業化を急ぎ、巨大な過剰生産能力をつくり出したことです。

主要国の民間企業（非金融）の債務比率をみると、中国企業の債務がリーマンショック以降急激に伸びています。2009年以降先進国は11.1兆ドル、中国を除く新興国全体で7.1兆ドルであるのに対して、中国だけで22.6兆ドル増加しています。

しかしこれまでの好調な世界経済を支えてきた3つのバブル、「トリプル・バブル」が崩壊し始めており、いずれリーマンショックを上回る規模の金融危機が生じる可能性が高いようです。現在のような超低金利の下では危機を収拾する手段は限られています。

金融危機が来るかどうかはさておき、グローバリゼーションの動きが今後反転する可能性は高いと考えられます。

米国ではトランプ大統領がアメリカ・ファースト（米国第一主義）という考え方を鮮明にしていますが、反大統領派も環境問題や高所得者層への対応を除けば、反グローバリゼーションという方向に変わりはありません。

貿易摩擦の激化とともに中国をはじめとするアジア各国でもサービス経済化が進んでいることから、世界経済の貿易依存度は今後低下していくことでしょう。

経済の主役が工業からサービス業に移行していくのは必然的な流れであり、サービスには生産と消費が同じ場所で行われるという特色があります。

世界経済がグローバリゼーションから地産地消のローカリゼーションへ移行する2020年代の経済は消費主導型の経済にならざるを得ません。

貿易依存度が低下し、経済のローカリゼーションが進むことで優位に立つのは消費を増やす国です。消費水準を引き上げることが成長政策として一番重要な課題になります。

消費を増やすためには「安かろう悪かろう」のサービス業が拡大しても意味がありません。高い収入が得られる「良いサービス」でなければなりません。

「失われた20年」あるいは「失われた30年」とも言われる日本の長期不況の要因は、消費の低迷による需要不足でした。

人間の感情に価値が生まれる

どんどんかたちを変えて、飲み込む対象を変え、新たな商品を生んで膨らみ続けた資本主義ですが、ついにポンコツの命運が尽きてしまうのでしょうか。

しかし新たな産業、新たな分野、新たな需要は思わぬところから生まれます。画期的で斬新な商品は予想を超えたところからもたらされるのです。

未来予測を積極的に行っている認知科学者の苫米地英人氏も「時代に合った付加価値を見つけ出せば今は単純労働と見られていることにむしろ高い価値を見出す人が出てくるはずである。だから自分の感情に正直になり自分の感性を大切にしよう」と主張しています。注8

日本人は見えないものを心で感じる美意識や感性を本来持っており、視覚だけでなく五感のすべてで対象を感じているとしばしば言われます。細かい仕草やちょっとした表情の変化などを皮膚感覚で感じ取ることが、本来の日本文化の身体感覚です。

例えば、優れた寿司職人というのは、客が入ってきた瞬間、その客の雰囲気を察知し、すかさず欲しいネタを出す、馴染みの客ともなればその人の顔色を見ただけで身体のコンディションまで感じ取り、包丁の入れ具合からシャリの量、握り方まで微妙に変えることができます。プロフェッショナルとは素人には見えない「未来」や「人の心」が見え、人の心という見えない世界を繊細に感じ取り、直感で相手を喜ばせる人のことです。

しかし古き良き日本は失われつつあります。なぜでしょうか。

『和魂洋才』で文明開化に臨んだことが間違いだった」。注9

このように指摘するのは日本の伝統文化に造詣が深いカメラマンのエバレット・ケネディ・ブラウン氏です。

精神性や感性というのはモノを生活の中で調和させる人間の工夫の知恵であることから必ずモノとセットになっています。精神性や感性はそれだけで独立して存在するものではなくてモノが変われば感性も変わってしまうということを、文明開化を焦るあまりに当時の日本人は気づかなかったのでしょう。

「人を幸福にするのは物質ではなく感性、この感性は日本人の強みでもあったはず、ちょとした、しかし奇想天外な工夫で日常を豊かにする」と、ブラウン氏は日本人にエールを送り続けていますが、注10 日本人が精神性や感性を発揮する場面はモノだけではないと思います。

「体力や命の限りがあるからこそ感動や幸福感を味わうことができる。身体性は人間の能力の限界などの弱点を示すものであるが同時に強みでもある。情報革命によってデジタル化が進むほど知識ではなく、人の感覚や感情を重んじる傾向が強まる」。注11

このように指摘するのはエンターテインメント事情に詳しい角田陽一郎氏です。

デジタル技術の発展とともに人が身体を使うシーンが減ることで逆に身体で感じることが貴重となり、人間の五感や感情に価値が出てくるからというのがその理由です。痛みでも苦しさであっても身体で感じる体験に価値が生まれてくるというわけです。注12

ＡＩ社会の到来で仕事の多くが人の手から離れていくと言われていますが、身体を持たないＡＩからは人間的な欲求や共感は生まれません。ＡＩには出来ない人間的な共感こそが世界を変革する原動力ですが、まず思いつくのは人としての魅力を伝えるジャンルです。人間にしか表現できないもので、それは芸術に限ったことではありません。

人間は「役に立たないこと」を中心に生きていく時代に入ったのかもしれません。芸術の世界では最も役に立たない現代芸術が注目され、人間はもっとアバンギャルドを志向するでしょうし、サイケデリックで無秩序で未完成なもの、荒々しさが見直されるのではないでしょうか。

マラソン選手として一時代をリードした瀬古利彦氏がかつて「いくら練習を積んでマラソンが速くなっても、結局自転車にも及ばない。でも見ている人はランナーの強い思いを感じるから感動する」と指摘したように、小手先の知識に惑わされず、どんな時代も乗り越える「人間力」を磨くことが大切です。

ＡＩ時代は人を感動させるような情熱やコミュニケーション力、そして人の心をつかむセンスなど人間としての総合的な力が試される時代になります。

「人が熱情を込めるときというのはその人が一番避けたいテーマだったりする場合がほとんどである。嫌という感情に至るものこそその人が最も大切にしていることとつながっていたりするからである」と角田氏は言います。注13

そのテーマはまさに「老い」や「死」が密接に関係しているのではないかと筆者は考えています。

人をモチベートする「熱量」

人間の生きる意味は、人間の身体性と密接に関係していると思います。頭の中であれこ思案するのではなく、五感というインターフェイスを通して、この世界に自分が存在していることを実感することで初めて生きる意味がわかってくるからです。

生きるとは、絶えず変化する外部環境に身体的に反応することですから、身体を持たず、それゆえに意識を持たないＡＩが「生きる」という状態を認識することは不可能です。

絵画の分野で高齢者の活動が盛んになりつつあります。

２０１４年8月から3カ月間、広島県福山市の博物館は「花咲くジイさん　我が道を行く超経験者たち」と題して「シルバーアート」の展覧会を実施して、高齢男性の自由で活力に満ちた表現が来場者に大きなインパクトを与えました。

何より際立ったのは絵に投入される熱量の大きさです。死ぬ覚悟を秘めながら前向きに生きていくことが「輝き」を放ち、現在の職業芸術家が失った「描く喜び」がストレートに伝わってくるからです。

脳科学の知見によれば、高齢になるにしたがって脳内部の活動レベルは高まるそうです。注14 加齢に伴って抑制のタガが外れることで脳回路の興奮性が高まるからです。

芸術で必要とされる創造性には、生や死、そして生命としての進化の過程で人間が獲得した多くのものが関係していると思います。

芸術活動と言えば堅苦しいイメージが強いのですが、芸術には固定した約束はなく、技術の進歩に応じて時代ごとに常に新鮮な表現をつくっていると考えるべきではないでしょうか。

芸術の分野でもＡＩの導入が進んでおり、人間が創造する作品はこれまで以上に独創的であることが求められています。

「伝達不可能と思える心や頭の奥底から生じたイマジネーションをあらゆる表現手段を駆使して伝

えていこうとする時に生まれる産物が芸術である」。注15
このように主張するのは日本画家の千住博氏です。
芸術はその時代の悩める人たちへのメッセージです。「私の叫びを聞いてほしい」と人は歌い、その歌を聴いた人が「私の代わりに私の心情を歌ってくれる人がいる」と知り、孤独から癒されるという共鳴現象は今も昔も変わりはありません。
芸術に「美」は欠かせませんが、千住氏は「美とは五感を総動員して幸せを感じるものであり、『生きていて良かった』という感性であり、体の中に元気のエネルギーを流していく感覚である」と主張します。注16
モノに溢れ物質的に豊かになったものの、精神的に満たされず心が飢えた時代に「人間性を生き生きとよみがえらせるきっかけを与える喜び」である美の価値は高まるばかりです。
今後人間自体が芸術作品になる時代が来るかもしれません。芸術には基礎技術は必要ですが、何より重要なのは人をモチベートする「熱量」ではないでしょうか。ＡＩが人間に熱量を伝えられないのは言うまでもありません。
アウトプットを目的とせずにひたすら没頭することが大事になってきます。自分がおもしろいと思っていることを夢中でやっていると知らない間にオリジナリティに到達する可能性があります。百人集まれば百通りの「美」があるのです。

日本文化に詳しい哲学者の田中久文氏は「西洋では『天賦の才』が重んじられたが、日本では『修業を通じて誰もが名人になれる』という発想だった」と指摘しているように、注17 日本における芸術活動は誰もが参加しうるものであり、創作者と享受者の区別なく相互に入れ替わる特徴を有していました。

日本の企業関係者に大きな影響を与えた経営学者のピーター・ドラッカーは1969年に上梓した『断絶の時代』の中で、「土地・労働・資本という従来の生産要素よりも『知識』が重要になる」と予言しました。注18 その予言は情報革命の実現で見事に的中しましたが、AI時代の到来で「知識」は希少性を失いコモディティ化が急速に進んでいます。

「2050年の日本は100歳を超える多くの高齢クリエーターとその創作活動を支えるたくさんの老荘オタクが創り出す文化が花開く社会になる」と予言しているのは、英国人投資家であり経済評論家のピーター・タスカ氏です。注19

この予言を現実化するためには生命エネルギーの活性化をもたらす人々の行動にスポットを当てる「熱量芸術」という概念の確立が肝要だと思います。

陽の経済、陰の経済

『善と悪の経済学』の著者である経済学者のトーマス・セドラチェック氏は、「資本主義の推進力がわれわれの倫理的感情とぴったりと合えば、資本主義は完璧になる」と主張していますが、注20 はたして可能でしょうか。

前述の岩井氏は「ポンコツの資本主義をどうしたらもう少しうまく走らせることができるか」と問題提起した上で、「主流派の経済学が理論体系から葬り去ってしまった『倫理』を資本主義の中でもう一度見いだすことがその鍵を握る」と示唆します。注21

主流派経済学が「社会は対等な個人同士を前提にした契約関係で動いている」としていることに対し、岩井氏が指摘する「鍵」というのは「一方の人間が他方の人間のために一定の仕事を行うことを信頼によって任されている関係（信任関係）」です。注22

ここで筆者が真っ先に思い浮かべるのは救急病棟（ＥＲ）に患者が運ばれてくる場面です。このときの患者は意識を失っている場合が多いことから、医師と患者の間で契約を結ぶことはできません。しかしそれでも医師は全力を尽くして患者の命を守る義務を負っていることから、ＥＲでは医師が患者の命を信頼によって任される関係になっていることがわかります。

このことは認知症患者をはじめとする高齢の非介護者と介護者との関係にも当てはまることから、超高齢社会（多死社会）においては「契約関係」とともに「信任関係」も大きなウエイトを占めることになるでしょう。

信任関係は、信じて任される側が「忠実義務（自己利益の追求を抑え依頼者の利益を優先して仕事をすることを自らに義務づける）」を負うことによって初めて成立しますが、この忠実義務は倫理性の要求にほかなりません。注23

「経済も陽と陰の2つの要素から成り立っている」という考え方もあります。注24

その発想の基礎には古代中国で生まれた「陰陽論」があります。「万物には陰と陽という背反する2つの側面が必ず存在している」という考え方であり、「外へ外へと拡大していく動き」を陽、「内へ内へと入ってくる受動的な性質」を陰と名付けています。相反する2つの要素が混じり合うことで価値を持ち、物事の矛盾は解決されるという発想です。

陽性の世界では超越的な神の存在の下に理性的、競争・技術などの概念が中心を占め、その目標は物質的な豊かさです。「外側」に関心の中心が置かれ、普遍性を重視し、モジュール化に適しているという特徴があります。

一方陰性の世界では内なる神性という共通理解の下に感情移入、協働・対人関係能力などの概念が中心を占め、その象徴とされているのは「死を心静かに受け入れる」ことを意味するグレートマザー（母なるものを表すユング心理学の元型の１つ）です。

「自分の心の中」に関心が向けられ、精神性に関心が集まることから、これまで見過ごされてきた自然資本（透き通った空気や水、生物の多様性）や社会資本（家族や集団の団結、平和、生活の質など）が尊重されます。

陰の経済においては「契約関係」よりも「信任関係」の方が重要であるのは言うまでもありません。

陽性は男性的、陰性は女性的と言い換えることができます。

ソーシャル・キャピタルとしての「母性資本」

人間の無意識を探求した精神分析学者のカール・ユングは、心理様式を「男性的（父性）」と「女性的（母性）」に分けて議論しています。注25

男性的心理様式（父性）というのは、ロゴスの原理が支配的です。論理・思考の働きが優位し、感情・直観の働きは二次的なものになります。

これに対して、女性的心理様式（母性）は、エロスの原理が支配的です。エロスは「感じる」「つなぐ」「結ぶ」といった働きを示します。感情・直観の働きが優位し、論理・思考の働きが二次的なものになります。

この2つの心の働きは男女両方にあります。しかし一般的には男性の心理的働きの中ではロゴスの原理の方がより意識化され、エロスの方は未分化です。女性の場合はその反対ですが、人間が成熟するためには父性・母性両方の働きをバランスさせることが肝要です。

陰陽の1つの側面が永遠に優勢であることなどありえません。

近代以降、西洋世界が中心となって陽の経済が世界を発展させてきましたが、そろそろ限界に達している可能性が高いのではないでしょうか。

近代という時代は神を引きずり下ろし、人間が主役となっていった時代です。私たちは「聖なるもの」から遠ざかり、得体の知れないものへの感情、見えない存在への畏敬の念を忘れてしまっています。

世界の変化や発展の過程を本質的に理解する方法として弁証法が有名ですが、その定義は、「それ自身の内部から、それ自身の反対のものが生まれる」です。

すなわち「陰極まれば陽となる、陽極まれば陰となる」です。

日本では高齢化現象が大きな問題になっていますが、高齢化は経済発展と公的医療をはじめとする制度の進化の成果であり、本来望ましいことです。望ましいものが不都合な結果を生んでいるのは、実りあるものとして社会の中に取り入れることができないからです。陽の経済に偏った社会のパラダイムがこの変化に適応できていないのです。

ソーシャル・キャピタル（社会関係資本）という概念が最近注目されています。「資本」という名前は付いているものの、通常の「資本主義」などで語られる「資本」とその意味は随分異なっています。

社会関係資本とは、個人間のつながり、すなわち社会的ネットワークとそこから生じた互酬性と信頼性の規範のことを意味します。人々がいろいろな集団活動に参加するとお互いに相手を思いやりながら生活していかなければならないという意識（倫理観）が芽生えてくることにより、個人や集団の生産性が向上するとされていますが、集団活動の維持・発展のためには積極的な呼びかけが必要であることから専門家（人的資本）を育てていくことが大切です。

言うまでもなく資本主義とは「資本」から価値を生み出すことを原動力としています。

経済学では資本を、①金融資本（株式など）、②物的資本（建物や設備など）、③人的資本（労働者の能力など）の3つに分けますが、現在最も注目されているのは人的資本です。

ビジネスにおいては創造性（生き残りのためのイノベーション）が最も重視されているからです。労働者は常に「自分が得意なことは何か」を自分自身に問いかけていなくてはならず、このことがストレスと緊張を生み、燃え尽きてしまう人が出てきます。常に能力を限界まで出し切ることが求められ、生涯にわたって生産的であり続けることはとても難しいことです。

しかし人間の知性の「質」は時代とともに変化しています。注26人類の知能指数（ＩＱ）は過去１００年間ほぼ一貫して上昇しています。現在の基準で測定すると１００年前の人々は精神遅滞と判定されてしまいますが、当然ながら１００年前の人々がみな知的障碍だったわけではありません。

当時とは求められる知性の質が変わり、大人になるまでの過程で鍛えられる能力が大きく変わったからです。ＩＱテストは特に抽象的な思考能力や論理的な推論能力が問われます。さまざまな側面がある人間の知性の中で、現代ではこれらの側面が集中的に鍛えられるようになっただけです。昔の人々は魚とイルカを同じ分類の生き物だと考えていました。解剖学的に魚類と哺乳類を別のものだと認識するのは、抽象的で論理的な思考の結果に過ぎません。

人間の脳は柔軟であり、生存するために必要な能力を伸ばすことができます。

私たちはともすれば「物事を抽象化して捉える能力」を知能と考えがちですが、本来の機能は「生存と生殖を最低限保持するために周囲を知覚し、動的な環境世界を動き回ることができる能力」です。注27

認知科学者のハワード・ガートナーが30年以上前に唱えた多重知能理論によれば、感情（対人的知能）も立派な知能です。

多死社会において重要性を高める社会関係資本は「看取り」などのネットワークです。これらを積極的に構築していこうとする人材を「母性資本」と称して積極的に育成していくことで、資本主義というポンコツをリニューアルできるのではないでしょうか。

筆者はこれを「母性資本主義」の構築（資本主義のパラダイムシフト）と呼んでいます。

なぜ母性資本主義なのか

第４章で母性について少し触れましたが、ここで改めて母性と資本主義について考えてみたいと思います。

母性とは困った人を助けるという本能です。人間は哺乳類ですから子育てにおいて授乳することができる母親の働きが大事なのは当然ですが、母性とは女性だけに備わったものではありません。母親だけではなく母方のおじなどが子育てに日常的に参加している社会があるように、母性の担い手は多種多様だからです。

「生まれるとどうなるかのかわからない」という胎児の状態で生まれる私たちは、母性に導かれて育っていきますが、「恐怖」の心境という点で死の間際も似ていると思います。

「死んだらどうなるのかわからない」という恐怖に対して、これまで私たちに救いの手を差し伸べてくれていたのは宗教の教えでした。

日本で最も多くの信仰を集めてきたのは浄土真宗ですが、その教えは「南無阿弥陀仏の名号を唱えていれば、阿弥陀様の慈悲（母性）によって死にゆく時に浄土に導かれる」というものです。

精神医学者の土井健郎はかつて「『甘えたい』という欲求は人間のもっとも基本的な欲求であり、それは幼い子どもの段階だけではなく、生涯を通じて発現するものである」と主張しました。「甘え」に対応する言葉が日本語以外の言語にはほぼ存在しないことに気づいた土井は「甘えは日本の精神文化の特徴である」と肯定的に評価していましたが、「グローバル社会で生き抜くためには『甘え』は許されない」というのが現在の風潮です。

日本と違って幼児的な願望（甘え）を押し殺して大人になっていくとされる欧米でも内情は日本と同様のようです。

精神分析学者のドナルド・ウィニコットは「人間が歴史の中で営々と築いてきた『文化』なるものは、甘え続けることができない人間が母性の代わりに生み出した産物である」と主張しています。「甘え」という言葉は存在しませんが、人間が生きていく上で欧米でも「甘え（母性）」の代替物が必要なのです。

人は死に臨むに当たっては、心を少しでもやすらかにしてくれる教えが不可欠です。

多死社会が到来する日本では育児以上に臨終の場面で母性の働きが必要になってきますが、世俗化が進んだ現在、かつてのように宗教に頼ることができる人は少数です。

貨幣の価値さえ共有できれば価値の共同体が形成されるという意味で、世俗化した社会において資本主義は一種の宗教の役割を果たしていると思います。

利用できるものは次から次へと飲み込んで成長してきた資本主義は、一見、水と油のように思える「文化」までをその範疇に納めています（「文化資本主義」という概念）。

資本主義は「母性」の苗床であった共同体を食いつぶして成長してきましたが、デジタル資本主義に陰りが見えてきていることから、筆者は「今後資本主義は『母性』の要素を取り入れるのではないか」と考えています。

その理由は日本の総労働力に占める医療・介護関係従事者の比率がどんどん上昇するからです。その比率は現在15％弱ですが、２０５０年には25％に達するという予測があります。

「コミュニケーション力が大切だ」とよく言われるようになりましたが、多死社会が到来する日本にとって大事になるのは、継続的に安定した関係を築くことで高齢者が自己肯定感を維持し続けられる環境を提供することです。

そのために必要なのは、些細なことでも億劫がらずに対応できる気遣いであり、そうした相互関係の中で喜びを見いだすことができる能力（母性）です。

４人に１人がなんらかの形で母性が必要となる仕事に従事するようになれば、日本で世界初の母性資本主義が誕生するのは間違いないと思っています。

母性資本主義のフロントランナー

日本をはじめ先進国では戦後「死の隠蔽化」現象が生じ、「死は無価値である」という強固な社会通念が出来上がってしまいましたが、このような社会通念を維持したままで多死社会が到来すれば、社会全体にニヒリズムが蔓延するのは必至です。隠蔽されてきた「死」が再び社会に回帰しつつある現在、「死」とは何かを議論することは避けて通れません。

どの分野においても、洞察力と実行力を備えた極めて少数の人間によって革新（パラダイムシフト）が試みられます。フロントランナーが時代に先駆けて社会の進むべき方向を示すことができれば、多くの人々がそれに従うことによって時代の潮流が形成されます。

「時間資本主義」という考え方も生まれています。希少価値が高まっている時間を資本と捉えて、経済や社会の流れを見る新しい試みです。

時間資本主義の時代においても、需要と供給で価格が決まるという原則は変わりませんが、人々は有意義な時間が生み出される「創造時間価値」という観点から商品やサービスを選ぶようになるとしています。注28

超高齢社会（多死社会）は「思い出の総和」の多い社会です。これまでに蓄積された社会全体の思い出を連想・反映させる仕掛けに人々の関心が集まることでしょう。

このような観点から、人生の最期を有意義なものにし、遺された家族の中に生き続けること（死後生）を確かにすることができる「看取り」ほど、「時間資本主義」にぴったりなサービスはありません。

看取り士の活動は着実に成果を上げてきていますが、看取りの現場では女性が圧倒的に多いのが現状であり、柴田氏は男性（特に団塊ジュニア世代）の看取り士の養成を痛感しています。その理由は抱きしめて看取る際に体が大きな男性の方が「子宮に還る」というイメージがしやすいからです。柴田氏には「女性は出産という形で母性を育てることができますが、男性にも看取りで魂の受け渡しを経験して母性を育んでほしい」との願いもあります。

看取り士の費用は1時間当たり8000円です。医療保険の適用はないものの、生命保険のリビング・ニーズ特約が利用できます。リビング・ニーズ特約とは原因を問わず被保険者が余命6カ月以内であると判断された場合、将来受け取る死亡保険金に代えて所定の保険金額の範囲内（3000万円が上限）で保険金を受けとれるという特約ですが、ほとんどの保険にこの特約が付与されています。

この制度を周知することで看取り士の潜在的需要を掘り起こせば、課題となっている看取り士に関するビジネスモデルを確立することができ、「望ましい死」という概念を広めることができるのではないでしょうか。

日本の家計金融資産（約１８６０兆円）の過半が65歳以上の年齢層に集中し、さらにその半分を75歳以上が保有しています。

認知症患者が保有する金融資産も増え続けています。注29 その金額は２０３０年度には現在の1.5倍の２１５兆円に達し、家計金融資産全体の１割を突破しそうです。認知症になると資産活用の意思表示が難しくなり、国内総生産（ＧＤＰ）の４割に相当するマネーが凍結状態になれば日本経済の重荷になりかねません。

遺産相続人がおらず政府の国庫に帰属した遺産が２０１７年だけでも５２５億円に達しました。これは２０１２年（３７４億円）の1.4倍で史上最高額です。相続人不在で国庫入りが増える傾向は今後も続くと見込まれています。

「望ましい死」という概念が定着すれば、数少ない成長分野である終末期医療や介護産業の裾野が拡大するばかりか、従事者のモティベーションが上がります。

従来の発想で商品・サービス開発を続けていても高齢者が財布のひもを緩めるわけがありませんが、「望ましい死」をキーワードに発想の転換を行えば違った展開があるのではないでしょうか。需要不足の日本経済にとっての「福音」となることを期待します。

日本ではイノベーションの必要性が叫ばれて久しいですが、真に成功するイノベーションは技術中心ではなく人間中心です。それまで存在しなかった新たな商品・サービスを社会に出現させるためには、曖昧で不明瞭な人間の想いや欲求をとらえることが何よりも重要です。

このような観点から、看取りの機能を有する介護産業が母性資本主義のフロントランナーになると筆者は確信しています。

第6章

母性の通貨で多死社会を乗り切れ

これからの仮想通貨は
実需で買わなければならない。
トークンのやりとりを通した相互扶助により
墓場まで人々の暮らしを支えるための
コミュニティを形成できる。

松田　元

データ駆動型社会における貨幣

デジタル経済とビッグデータ時代の到来で貨幣の世界でも新たな動きが生まれています。ブロックチェーン技術を基盤とした仮想通貨がビットコインをはじめ一定の経済的価値を有するようになっています。

貨幣のそもそもの意味については後述しますが、本章では「流通する貨幣」のことを「通貨」と呼ぶことにします。

仮想通貨の「仮想」には「実際にはないが仮にあると想定すること」という意味がありますが、仮想通貨は実在しています。ただしネット上で電子データのやりとりがなされるだけでコインや紙幣が発行されていないので目に見えないだけです。

「データ上の貨幣」と大括りすると、仮想通貨も電子マネーもポイントやクレジットカードも同じですが、仮想通貨は暗号化という特別な仕組みを持っています。

新しい仮想通貨はどんどん増えていて、現在２０００種類以上存在すると言われています。政府は「仮想通貨」という名称を「暗号資産」に改めましたが、ブロックチェーン技術は新たな通貨システムを生み出すとの期待から、本章では仮想通貨という従来の名称のままで議論を進めていきます。

ビットコインはリーマンショック後に誕生しましたが、発明者とされるナカモトサトシは次のように考えたのだと思います。

「民間の金融機関が世界中で過剰な信用を創造してバブルを生んでしまい、中央銀行がこれを放置したことで大惨事を招いた。銀行も中央銀行も信用できないので、そうした機関が介入せず、市場参加者の間だけでお金の信用をチェックできる、自由放任主義的な貨幣をインターネット上で実現させよう」と。

仮想通貨のフロントランナーであるビットコインが初めて使われたのは２０１０年５月です。１ビットコインが１セント以下のレートだった当時、ビットコイン開発者の１人がピザを１万ビットコインで購入したとされています。

私たちが現在使っている通貨は国の威信を基盤とする法定通貨です。

法定通貨の信用の源泉は日本銀行という発行元の権威に基づいており、その価値は政府と日本銀行が景気状況を勘案して通貨の発行量を調整するなどして管理されています。

しかし仮想通貨の場合は、特定の国の後ろ盾がないので別の方法で信用を確保し、価値を管理する必要があります。

仮想通貨に信用を付与しているのは、秘密鍵、公開鍵、ハッシュ関数といった暗号技術であり、総称してブロックチェーン技術と呼ばれています。

ここでブロックチェーン技術について簡単に説明しましょう。

法定通貨の場合、銀行が預金残高や決済を管理しており、その取引データは各入力端末ではなくサーバー等で集中管理する形式となっていますが、仮想通貨では取引データを格納するためのサーバーは存在しません。代わりにブロックチェーン技術を利用し、ブロックチェーン・ネットワークと言われる環境に参加する各端末（ノード）に取引データを分散して持たせる構成となっています。ノードには過去に発生したすべての取引データが格納されており、新たに取引データを確定する都度、すべてのノードにその取引データがコピーされるため、常に同じ取引データを全ノードで保有し合うこととなります。

ブロックチェーン・ネットワークに送信される取引データは、発生した他の取引データとともに一定間隔で一定量のデータのかたまり（ブロック）にまとめられ、ブロックチェーン・ネットワークに配信されますが、配信されたブロックはネットワークの参加者全員により検証され、正しいと認められたブロックをネットワーク参加者全員で持ち合うことになります。ブロックチェーン・ネットワークでは各ノードに最初のブロックから最新のブロックまでの一連のブロックの束（台帳）を保持することになっており、すべてのノードに同じ台帳を分散して持たせることから、ブロックチェーンを含むこうしたしくみは「分散型台帳」と呼ばれています。

ブロックチェーンはいわゆるデータベースです。改竄《かいざん》が不可能な電子データと定義されています。いろんなことを記録して保管しておくためのデジタル台帳です。ブロックチェーンにおける台帳はおたがいにまったく無関係な人たちがサーバーを提供し合って「みんなで監視する」ことで成り立っています。仮想通貨が受け渡されてきた履歴をシステム全体で把握していれば、そのお金が正当なものかそうでないかはすぐにわかります。

ビットコインが生まれて10年が経ちましたが、その間、送金に関する事故が発生していないことから、信頼性は高いと言えます。コンピューターのプログラムは人が手を加えない限り勝手にルールを変えたりしないからです。

発行元（例えば中央銀行）の権威に頼らずとも「取引」の信用が得られており、このことが「革命的だ」とされているのです。

仮想通貨誕生の意味と可能性

仮想通貨そのものはブロックチェーンの技術で成り立っていますから、偽造や不正のないものとして信用が担保されていますが、問題は使う側にあります。

仮想通貨には決済手段としての顔のほかに財産としての顔がありますが、投機の道具になってしまったら貨幣としては定着しません。

ビットコインの場合は、プログラムによりあらかじめ発行量の上限が決められ、量が増えすぎることによる価値の下落を防いでいますが、需要にあわせて流通量を調整できないという構造的な弱点が災いしました。２０１６年あたりから投機需要により急激に値上がりしてしまい、このことでビットコインは貨幣になる可能性がなくなってしまったのです。

貨幣論の大家でもある経済学者の岩井氏は「あるモノが貨幣として流通しているときは、モノとしての価値は貨幣としての価値を下回らなければならない」としていますが、注1 ビットコインは新たな貨幣だと騒がれたことで、値上がり期待を生み、投機の対象になってしまいました。

貨幣は言語や法と同様に、純粋に共同体的な存在です。共同体と言っても貨幣を使う人たちの単なる集まりで、出入りは自由であり、法律で強制されているものでもありません。

草創期のビットコインにはビットコイン教の信者のような小規模なグループがいたのですが、共同体が完全に出来上がる前に単なる投機資産になってしまい、貨幣になる可能性を自ら殺してしまったのです。

「ブロックチェーン技術の登場で誰もが銀行のように自由に貨幣を発行できる時代になった。仮想通貨で自由かつ多様性のある社会を作ろう」と喧伝《けんでん》されていますが、多くの人たちが使いたくなるような、つまり信用してもらえる貨幣を作らないといけません。

貨幣は価値を保存したり交換したり測ったりするものであって、価値そのものではありません。貨幣がその機能を果たすためにどうしても必要なのは「信用」です。

信用には2つの意味があります。1つ目は物体としての貨幣そのものの信用です。偽造されないという意味でブロックチェーン技術は合格です。

2つ目はその貨幣を使う人の信用です。自分が信用できると思う人や企業、さらにはプロジェクトを見極めて貨幣を選び取っていくという行為が不可欠です。

逆に言えば、お互いの合意さえあれば、何を貨幣として使ってもよいのです。

後述しますが、貨幣は貸し借りを記録するための道具に過ぎないからです。

仮想通貨を使ってもらうためには、貨幣としてどういう意味や利便性があるかを明確にしなければなりませんが、まず最初に自分を信用してくれている人に使ってもらえばいいのです。電子データですから、物理的な範囲に縛られる必要はありません。

仮想通貨であれば、円では価値が付けられなかったもの(仕事)にも価値をつけることができ、自分の趣味や価値観に合った人を金銭的に支援することができます。

日本円は価値が高すぎて気軽に人に渡しにくいものになっていますが、ちょっとした貸し借りを記録するツールとしての仮想通貨なら受け取る側も気が楽であり、ボランティア精神を台無しにする効果も小さいからです。

このように新しい価値観で小さな経済圏を作れることが仮想通貨の魅力です。

1種類の仮想通貨が全世界で使われるのではなく、いろんな組織や人がそれぞれ仮想通貨を発行して、何種類もの仮想通貨が流通する時代が来るかもしれません。

貨幣の本質は「譲渡可能な信用」

仮想通貨の登場で私たちは改めて貨幣とは何かについて考えるようになりました。

貨幣はどのようにして誕生したのでしょうか。よく耳にするのは次のようなものです。

「太古より人々は物々交換により経済を営んでいました。しかしいつでも手元に交換可能な物品が用意できるわけではありません。だから代わりに価値の変わりにくい貴金属を用意するようになり、物々交換を仲介するようになりました。これが貨幣の誕生です」。

貨幣の起源は石や貝殻といったモノだったというのがこれまでの常識でしたが、近年の学者たちの調査で実は違うということがわかってきました。この古典的な仮説の実例は1つも発見されていないからです。物々交換から貨幣が誕生したという記録はもちろん、物々交換によって経済を成立させていた証拠さえ見つかっていないのです。

これまでの研究から、太平洋の小さな島の例が貨幣の本質を示していることが明らかになってきています。

ミクロネシア連邦のヤップ島では原始時代と同様の単純な状態の経済にもかかわらず、物々交換ではなく巨大な石に取引内容を刻んで記録するというシステムにより経済が運営されていました。取引に伴って生じる債務（借り）は、相手と別の取引で債権（貸し）があれば、相殺して記載されていました。相殺後に残った分は、与信残高、つまり債務として管理されて将来の取引で利用することまで行われていたようで、清算機能を有する債権債務の管理システムが存在していたのです。注2

私たちが持つ巨大な脳は、群れの仲間と「うまくやっていく」ために進化しました。身近な仲間との「貸し」や「借り」をきちんと理解し記憶していくために、高度な知能が必要となったのです。

親族集団内でのやりとりで完結していれば「誰が誰にどんな債務を負っているか」を覚えておくのは簡単でしたが、集団の単位が部族や氏族からコミュニティや王国へと拡大すると記憶を増強する技術が不可欠になります。

「誰に貸しがあり、誰に借りがあるのか」をより一層正確に把握するために、貸しや借りを具体的な金額として数値化し、帳簿を使って記録することにしたのです。人間の記憶を外部化して補強する装置が貨幣だったのです。

貨幣の歴史は人類最古の文明の1つである古代メソポタミアにまで遡ります。

古代メソポタミアでは硬貨が実際に流通するはるか以前から融資やツケ払い（信用取引）が存在

していたことがわかっています。

古代メソポタミアの遺跡から、優れた工芸品や彫刻とともに粘土製のトークン（おはじきのようなもので円錐形や円柱形などさまざま）が大量に出土していますが、１９７０年代にフランスの考古学者はその形状と分布のパターンからこれらが「数の勘定」に使われていたことに気づきました。注3

メソポタミアの人々は都市国家を作ったことで、経済的な記録をつける必要に迫られたからです。例えば税を取り立てる場合、どこの農地からどれだけ収穫があるのかわからないとうまく徴税できませんので、トークンを穀物や家畜と1対1で対応させて記憶に頼らずに在庫管理をしていたのです。

紀元前３１００年頃になると、メソポタミアではトークンそのものを使うのではなく、湿った粘土板にトークンを型押しして数を記録するようになりました。粘土板だけを保管しておけばトークンは不要となり、型押しの仕組みから数字の概念が生まれました。

紀元前２８００年頃には粘土板は不動産取引の記録にも利用されるようになりましたが、その後に楔形文字が誕生しました。注4

硬貨が誕生したのは紀元前7世紀頃のリディア（現・トルコ領）ですが、それよりはるかに古い、硬貨が十分に流通していない時代の取引はほとんど信用取引だったのです。

貨幣がなければ他人への借りは労役や食料の形で直接本人に返さなければなりませんが、貨幣があれば、誰かに貸しを作ったら、貨幣を報酬として受け取り、別の誰かの借りを返すことに使うことができます。「他人の借りを別の誰かの貸しで返すことができる」ことが貨幣のメリットです。

このことからわかることは貨幣の本質は「譲渡可能な信用」だと言うことです。

古代バビロニアの粘土板への記帳とブロックチェーン技術に基づくデジタル台帳は、脱中央集権、分散型、財務情報という点で共通性があります。

かつて石に刻まれていた情報が、現代ではブロックチェーンに大量かつ正確に記載されることになったのです。ブロックチェーン技術の登場により貨幣が取引情報（記憶）のテクノロジーであることが改めて認識されています。注5

現在の通貨システムは賞味期限切れ？

「いつでも好きなときに好きなモノを手に入れられる」という性質を経済学では「流動性」と呼んでいます。私たちはまだ見ぬ未来に対して完璧な計画を持っているわけではなく、自分の欲望は不確定になりがちです。そういうときに貨幣さえあれば、購入するかどうかの判断を先延ばしすることができます。人間にとってこんな都合の良いものはないと言ってもいいでしょう。

貨幣は各種資産の中で収益性がなく、流動性のみを生み出すという意味で特殊な資産です。流動

性の効用については次のような点が指摘されています

①社会的地位の向上
②政治的影響力の拡大
③人生の成功の目に見える指標
④守銭奴的な貨幣保有願望の充足
⑤自分の能力を発揮するための手段
⑥独立や自由を得るための手段

20世紀末のバブル崩壊以降、日本経済は長期不況に悩んでいますが、その原因を経済学者の小野善康氏は「非飽和的な流動性選好」、すなわちお金や資産への「際限のない」執着に求めています。注6

貨幣をあと1単位保有することで与えられる追加的な喜びは、保有する貨幣が多くなればなるほど小さくなる（限界効用の逓減《ていげん》）のですが、日本では貨幣を保有することによる効用がある一定量まで減少するとそこからは減らなくなります（非飽和的）。

人々の間に「非飽和的な流動性選好」があると貨幣量が増えたとしても貯蔵されて利用されることが少ないことから、いつまで経ってもモノへの需要は生まれず、生産は増えず、失業も解消されません。お金を貯めこんで使わない、これが長期不況の大きな要因なのです。

２０１３年から開始された日銀の量的緩和政策は、市場での貨幣の供給量を増やして景気を回復させようというものでしたが、日本銀行の市場への資金供給が歴史上かつてないほど大量になった現在でも、物価や景気への影響はあまり見られません。

非飽和的な流動性選好が生じる背景には、日本の高齢者が地域社会で孤立しているという事情があると思います。

内閣府は日本の高齢者と諸外国の高齢者の生活意識を調査するため、昭和55（一九八〇）年から「高齢者の生活と意識に関する国際比較調査」を実施しており、平成27（二〇一五）年の調査が最新です。

それによれば日本の高齢者は「近所の人との付き合い」が調査対象国（米国、スウェーデン、ドイツ）の中で最も低い水準です。現状の生活に不満は少ないものの、家族以外の人で頼りになる人が少ないことから、「いざというときに頼りになるのはお金のみ」という意識が強く、老後の備えとしての資産や貯蓄を不安視する傾向があります。このことから円がビットコインと同様、決済手段として財産としてのイメージが強くなりすぎてしまい、貨幣本来の機能を果たさなくなってきているることがわかります。

円という通貨システムを全面的に変換することは実質的に不可能ですが、さまざまな種類の決済手段を並行して利用しなければ、日本経済はいつまで経っても長期不況から脱することはできないでしょう。

日本をはじめ世界の資本主義諸国では立場も属性も異なる人々のニーズの違いを切り捨てて1つの通貨で全員を束ねてきましたが、賞味期限が近いのかもしれません。

ビットコインをはじめとする仮想通貨を巡る現在の状況はマネーゲームの色彩が強く、バブル崩壊で価格が急落したものの2019年6月現在の価格は100万円以上です。

このことは国家や中央銀行への不信がいかに根強いかということを示しており、国家や中央銀行が通貨発行を独占する時代は終わりになる可能性があります。

信頼を基盤とするコミュニティ通貨(温かいお金)

経済人類学の研究から、貨幣は「内部貨幣」と「外部貨幣」と2種類に分かれていたことがわかっています。内部貨幣は「人と人をつなげる道具」として考案され、共同体内部の社会的責務を果たすための支払い手段として発生しました。しかし共同体の外では無価値(それぞれの社会の価値体系が異なっているから)であることから、商品の交換手段として想定されていませんでした。共同体間の交易に使用されるようになったのが「外部貨幣」ですが、各共同体内の社会的価値とは無縁であることから、共同体内での支払い手段としては通用しませんでした。

内部貨幣と外部貨幣の棲み分けは20世紀まで存在していたと言われています。

貨幣には「価値尺度」「交換」「価値の保有」という３つの機能がありますが、近代以前は３つの機能ごとに別々の貨幣が使用されていました。

例えば18世紀の米国の入植地では、海で拾った貝殻は交換の手段、計算単位はイギリスポンド、支払い繰り延べの手段は金塊という形で使い分けていました。

日本でも江戸時代に発行された貨幣は1万８０００種類に上り、そのうち7割は私札（神社仏閣、商人、庄屋などが発行）でした。様々な地域・組織が異なった評価軸に基づき貨幣を発行することで地域やコミュニティの自立が図られていたのです。

貨幣とは慣習や伝統、信念や観念に支えられた、人と人との関係を表す情報です。その観点から見れば現在の貨幣システムは、近代工業時代の世界観に強く裏打ちされており、その機能が現状に合わなくなってきているのではないでしょうか。

貨幣は言語と同様に人と人とを媒介する機能を有していますが、言語に比べて複雑な価値を扱うことができないことから、人間関係が市場における売買関係に一元化されるという弊害が生じています。

コミュニティ通貨の世界的権威であるベルナルド・リエター氏が「お金とは、あるコミュニティにおいて、ある『何か』を交換の媒体として使おうという、１つの取り決めである」と主張するように、注7 貨幣はそもそもコミュニティ内で流通するものでした。人間はもともとローカルな領域で自分の価値や関心に基づく知識や情報に基づいて判断し、各種コミュニティに属して暮らす動物であることから、血縁、地縁や近隣、仲間、友人に加え、生活、労働、趣味や言語、価値、関心を共有する様々なコミュニティを形成してきたのです。

コミュニティ通貨とは、参加者全体が形成するコミュニティへの信頼（全く知らない人と会ったときでもまずは相手を信じることから始めるといった開放的な倫理態度）を基盤として成立する貨幣のことであり、信頼の基盤はコミュニティ内の評判です。

「ブロックチェーン技術の出現で人々がコミュニティの価値を志向しやすくなったことで未来の貨幣は局所的なものになる」との主張もあります。注8

人間社会は、その動きが個々の構成要素間の複雑な相互作用を観察することによって初めて理解できる生命体のようなものです。経済も機械仕掛けの精密な装置のように動き変化するものではなく、いろいろな器官が有機的につながり、成長したり、発展したりする生物のようなものとして考える方が実態に近いと思います。

経済システムは頭の中にある理論を実行するのではなく、国民1人1人の足元の生活の観察の中から出てきたものだけが本物になります。

地域通貨を活用して地方創生に取り組む企業が出てきています。

ソニー出身のフェリカポケットマーケティング㈱の納村哲二氏は、2001年からICカード事業を手がけてきましたが、全国各地を飛び回っている間に「地方では人口流出と同様にお金の流出が深刻な問題である」ことに気づき、「ICカードを衰退しつつある地域経済のために活かすことはできないか」と考えるようになりました。

納村氏のアイデアは、ICカードを中小企業や個人店舗などに配布して、地域の中で「お金」が回る仕組みをつくることです。地域通貨(ICカード)を活用することで、地域に存在する人々の生活を支えるコトの需要を掘り起こすことができると考えたからです。

地域通貨は以下に示す「地域にとって良い活動」を行うと獲得できます。

①地元の商店街やスーパーで買い物をする
②地域スポーツを応援する
③地域のイベントに参加する
④健康ウォーキングに参加する
⑤健康診断を受ける

この取り組みで興味深いのは、ウォーキングラリーに参加した高齢者が獲得した地域通貨を寄付に回すことで「自分もまだまだ地域に貢献できる」と実感できる仕掛けとなっていることです。納村氏の取り組みの代表的な成功例は香川県高松市で２０１０年に開始され発行されている「めぐりんマイル」などです。

地域通貨が全国に普及し、その地域の「独自のものさし」となり、地域内の「つながり」を醸成する「温かいお金」になっていくことを期待しています。

地域通貨の事情に詳しい進化経済学者の西部忠氏が「貨幣は物々交換をより効率的で便利にするものというより、その存在自体が物と物との交換を初めて可能にする」と指摘するように、注9 ブロックチェーン技術を活用すればエージェンシー問題（代理を引き受ける者が依頼者を裏切る可能性が存在するという問題）を払拭し、価値観を共にする人々が集まってつくられるオープンで関係性を重視した共同体を構築できるのではないでしょうか。

「様々な価値を体現する貨幣が、共存しながら質を巡る競争をすることで貨幣システム全体が進化する」という展開を期待したいと思います。

仮想通貨が創る「価値観を共有した社会」

低迷気味の仮想通貨業界ですが、「新しい貨幣は新たな価値を含んでいなければ意味がない」との論調も高まっています。

その背景には「資本主義が考える価値と世の中の人の考える価値あるものの間に大きな溝ができている。世界を変えるとは、前の時代に塗り固められた社会の共同幻想を壊して、そこに新しい共同幻想を上書きしなければならない」との問題意識があります。注10

仮想通貨の関係者は「これからの世界を考えるとき、すべてのものにトークンで価値付けを行って、その価値を信用する人だけで成立するトークンエコノミーが通貨制度になる」と主張していますが、どういうことでしょうか。

「トークンエコノミー」を一言で言うと「仮想通貨による新しい経済圏」のことです。

トークンとは日本円などの法定通貨のように商品やサービスと交換できる「お金のようなもの」であり、商品券やポイントもトークンの一種です。

トークンが配布される特定のモノやサービスに対して価値を認めた人たちのみが参加し、トークンが関係者の間で循環することから、独自の経済圏を構築することができます。

特定価値を見いだす関係者しか参加しないことから、「閉じた経済圏」と言えますが、その経済圏だからこそ通じる独自の「価値」が共有され、トークンの配布者が意図した経済活動を活発化できるとされています。

トークンエコノミーは規模は小さいものの、参加者の相互依存性が高いことから密度の濃い経済圏をつくることができると言えるでしょう。

また「社内通貨」が普及し始めています。民間企業は給与とは別の形のインセンティブ（楽しめるという要素など）として仮想通貨を活用しているのです。

カブドットコム証券は２０１６年10月、社内通貨を発行して社員の働き方改革や健康増進の試みを開始しました。通貨の単位は「オオイリ」です。残業しなかった場合には1回につき10オオイリ、1日に1万歩以上歩いた場合には１００オオイリが会社から支給されます。会社側は指定した周辺の飲食店でオオイリが利用できる（飲食店はオオイリを会社側に請求して現金に換える仕組みを構築）ようにしています。

社内通貨はネット上で残高を管理し、スマートフォンなどで利用できますが、やりとりは社員に限られます。会社側の想定以外に社員の間では社内通貨を同僚などに感謝の気持ちを伝える手段としても活用されています。汎用性が低い社内通貨であれば実際にお金（円）を渡すときに感じる違和感が生じることがなく、スマートフォンで気軽に贈ることができることから、社内のコミュニケーションが活性化しているようです。

さらに仮想通貨を発行することでボランティア従事者にも報いることができます。

「ブロックチェーン技術の特性は寄付との親和性が極めて高い」。注11

このように指摘するのは、ふるさと納税型クラウドファンディングの普及に努める川崎貴聖氏です。ブロックチェーン技術を活用すれば、寄付された仮想通貨がいつ、どのように、誰に渡っていったかなどがすべて透明化され、記録として永遠に残るからです。

最近盛んになっているクラウドファンディングには投資型のほかに寄付型と購入型（出資者が出資金額に応じて金銭以外の対価を得るタイプ）がありますが、購入型については会員権型トークンとして活用することもできます。

会員権型トークンとは、それを保有している人が特別な割引や優待を受けることができるというものです。例えば、アイドルのファンクラブやレストランのお得意様向けの優待割引などです。ボランティア経済や親密圏の構築に有効なツールと言われています。

クラウドファンディングなど「どのように経済圏を作って回していくか」というノウハウも重要ですが、価値観を共有する社会を構築するためには従来のルールの枠組みとは違う、まったく新しいメカニズムが働くことが肝要です。

日本ではなぜ寄付が盛んではないのか

新しいメカニズムが働く際に最も必要となるのは、「贈与」の精神です。

「交換」の原理で動く経済システムを補完する観点から、国際的に寄付活動の重要性が再認識されていますが、日本ではいまだに寄付文化は根付いていません。

日本の２０１６年の個人寄付総額は７７５６億円（ＧＤＰ比は0.14％）と米国の30兆６６６４億円（同1.44％）や英国の１兆５０３５億円（同0.54％）に比べて低調です。日本人の慈善団体への信頼度は調査国中最も低く、周囲の人を助けてしあわせにすることが大切とする価値観も日本人の支持率は最低です。

金銭に換算できない「小さな親切」は経済学の世界では「関係財」と呼ばれています。例えば友情などの関係財は利用すればするほどもっと利用したくなる傾向があるという特徴がありますが、日本では関係財が不足していると言わざるを得ません。

贈与については、フランスの哲学者であるジャック・デリダは「贈与の不可能性」という興味深い論考を行っています。注12
デリダの議論は以下のとおりです。

「贈与は受け手が何かをお返ししてしまえばそれは交換になってしまい贈与ではなくなってしまう。また与え手が受け手からのお返しを期待していれば、それも贈与ではなくなる。さらにお返しの中に『感謝』も入ると考えれば贈与は贈与として認知されるだけでもはや贈与ではなくなってしまう。このように考えると贈与は本質的に不可能である」。

日本の贈与の歴史に詳しい桜井英治氏は「贈与は４つの義務で成り立っている」と指摘します。注13

４つの義務とは、①贈り物を与える義務、②それを受ける義務、③お返しの義務、④神々や神々を代表する人間へ贈与する義務(貧者への施しを神に対する贈与と等価的な行為とみなすことが多い)です。

④について桜井氏は「室町時代には『有徳人（功徳を得るために積極的に寺社に喜捨を行った富裕層)』がいた」と指摘しますが、注14 現在の日本では④が意識されることは少ないと思います。

日本の社会では①②③しか存在しないため、「贈与」よりも「交換」の側面が圧倒的に強く、人々は絶えず世間に対する義理を意識し、「借りをつくる」という負い目を回避する傾向が強いのです。日本では貸しが多い人が「良い人」として権威を持ち、借りの多い人が肩身の狭い思いをすることから、人は返済できる見込みのない借りを作りたくないばかりか、大きすぎる恩恵は逆に恨みを引き起こしかねないのです。

この問題を抱える限り、日本ではいつまでたっても贈与（寄付）は活性化しないでしょう。

貨幣の信用の源は「聖なるもの」

「貨幣が変われば社会も変わる」ということはわかりましたが、贈与（寄付）活動が活発化するためにはどのような貨幣をつくればよいのでしょうか。

貨幣の信用は、無価値なモノ（貨幣）を受け取る人も「これ（貨幣）と引き替えに価値あるモノを渡してくれる人がいる」と信じることで成り立っています。このやりとりを繰り返していくと、「無価値なモノを受け取り価値あるモノを渡す」という不等価交換の最終的な引受人が必要になります。このことは1枚の紙切れの価値をはるかに超える価値あるモノが「無限の未来の人間」から贈られることを意味しますが、このような「気前の良い贈り物」を与えることは実在する人間では不可能です。「無限の未来の人間」は人間を超えた存在でなければならないのです。

人間を超えた存在と言えば「聖なるもの」が頭に浮かびます。

現存する日本最古の紙幣は、伊勢国で江戸時代初期に発行されたもので、羽書《はがき》と呼ばれています。伊勢の御師《おし》（所属する寺社への参拝者の宿泊などを世話する者）が発行した銀の預かり証は、伊勢神宮の権威により流通したと言われています。貨幣の信用と聖なるものには関係がありそうです。

民俗学者の新谷氏は「貨幣というものの本質が発生したのは人類による死の発見とともにあった」と指摘します。注15 日本では神社や寺院で自らの穢れを祓い清めるためにお賽銭を投げることからわかるように、お金は人々の穢れや災厄を磁石のように引きつけるものとみなされていました。貨幣はそもそも死（穢れ）に密着している道具なのです。

現在でも一部の新興宗教が「喜捨により悪魔による穢れを祓うことができる」と信者に訴えていますが、貨幣には「祓い」の役割があるようです。

「貨幣は個人の信用を記録するものとして誕生した」と説明しましたが、貨幣の元となった原始貨幣が誕生した場所は供犠（共同体の結束のために生け贄を神に捧げる儀式）だったとされています。共同体の結束力を高める機能を持った供犠は族長や神官が管理する聖なる場所で執り行われていました。供犠の場では雄牛が聖なる供物として神に捧げられ、供物はその後共同体の成員に分け与えられました。神に雄牛を生け贄として捧げ、その肉を焼き同じ部位を分け合うことで部族の男たちは全員が等しく社会的価値を持つとされ、共同体全体に責任を負うことを誓ったとされています。注16

供犠の場で「牛」が殺されると聖なる力が解き放たれます。聖なるものには「否定的なもの（不浄、穢れ、脅威等）」を肯定的で有益なものに変えるという力があることから、聖なるものとなった「牛」は不可視なものを可視化し、計算不可能なものを計算可能にすることができるようになったのです。わかりやすく言えば、「牛」は共同体にとっての共通の価値尺度（原始貨幣）になったのです。注17

はるか昔のインド・ヨーロッパ語族の時代に始まった供犠でしたが、市場経済が発達した古代ギリシャ地域に伝わることで初めて貨幣の概念が生まれました。

供犠の場で供物を成員に平等に分配する必要性から、聖なる犠牲獣である「牛」が供物の価値を評価するための尺度として使われていましたが、市場経済の発達した古代ギリシャでこれがベースとなって「普遍的な価値」という概念が生まれ、貨幣が誕生したというわけです。

ギリシャ以外でも古代社会では家畜を数の計算単位として利用し、事実上のお金として使っていたことがわかっています。pecuniary（金銭上の）という単語はラテン語で雌牛を表すpecuniaからきており、fee（料金）はドイツ語で牛を表すviehが転化したものです。インドの通貨ルピーもサンスクリット語で家畜の頭を意味するrupaに由来し、capital（資本）という単語もラテン語のcapus（頭を意味する）から派生したものです。

「幸齢者」をアンカーにした仮想通貨

デリダは本当の贈与のことを「純粋贈与」と名付けています。純粋贈与が成立するのは次の2つの場合に限られます。

①与える側がそれを贈与であると考えていないにもかかわらず結果的に贈与になっている場合。
②贈り物を与えた瞬間に与え手が消えてしまう場合。注18

キリスト教などの一神教の世界では「神」からの贈与が①に該当することから純粋贈与が盛んですが、日本ではこのような発想が定着していないため、欧米に比べて寄付やボランティアの活動が活発ではないのです。

贈与（寄付）が盛んになりづらい事情がある日本ですが、「いのちのバトン」という贈り物を遺された人たちに与えた瞬間に他界する（この世から消える）幸齢者（聖なるもの）は②に当たるのではないでしょうか。

そう考えれば、幸齢者が社会で贈与を活発化させる起爆剤になりえるのではないでしょうか。

陰の経済については前述しましたが、陰の経済を円滑に機能させるためには陰の貨幣が不可欠です。陰の経済のモットーが「死を心静かに受け入れる」ことであることから幸齢者をアンカーにする貨幣は陰の貨幣そのものと言っても過言ではありません。

貨幣への「信用」とはもともと「聖なるもの」への「信仰」であることから、「死」が日常に回帰する「多死社会」では、「聖なるもの（幸齢者）」への信仰をベースにした新しい貨幣の創造が可能だと思います。

「これからの仮想通貨は実需で買わなければならない。できるだけ多くの人々が幸せになれるツールにならなければ存在価値はない。仮想通貨を活用しながら医療に関する事業などを今までにない形で変革することができる。トークンのやりとりを通した相互扶助により墓場まで人々の暮らしを支えるためのコミュニテイを形成できる」。注19

このように主張するのは仮想通貨事業を運営する松田元氏です。

国家のメリットを活かしつつも、福祉に関するさまざまなニーズに対応する新たな経済圏を構築することが時代の要請です。

スタートアップ企業の沖縄県大宜味村での取り組み

ここで仮想通貨を利用して新しい経済圏が構築している取り組みを紹介しましょう。仮想通貨を活用して地域創生につなげようとするスタートアップ企業（ＹＵＩＸ社、代表は中西康展氏）があります。

27歳で起業しＩＴを活用した地方創生の新たなシステムの構築を目指していた中西氏が沖縄県本島北部にある大宜味村《おおぎみそん》を知ったのは２０１４年のことでした。きれいな海と手付かずの自然に囲まれた人口３０００人ほどの「長寿の里」の宮城村長から「村の発展に協力してもらいたい」と言われたことがきっかけでした。世界自然遺産の候補地である大宜味村の自然を維持したまま人々が豊かで幸せに暮らせるコミュニティづくりをテーマに社団法人を立ち上げ運営を行っています。

大宜味村での活動を続けている中で中西氏は「村民同士が日常交わす価値の交換や村民と村の魅力を感じて訪れる観光客との交流に『円』という貨幣は合っていない」という思いが募り、大宜味村の人々の豊かさや幸せに見合った新しい価値交換のシステムの必要性を痛感するようになりました。「その国、その時、その時代によって人の持つ価値観は大きく変わる。豊かさと幸せを一つに決定づけることはできない」と考える中西氏は、大宜味村の価値の新たな評価方法としてブロックチェーン技術の活用を思いつきます。村民や村を愛するすべての人たちの思いや記憶をブロックチェーンに書き込めば、円では表せない大宜味村の価値を正しく評価することができると考えたからです。価値あるものを多くの人たちと共有できれば、その価値を高めることができ、これらをベースに独自の地域通貨で決済できるシステムを構築すれば、地域の活性化に資する仕組みが可能となります。手始めに2019年夏から村民（幸齢者）が生産している特産品（シークアーサージュース）を、仮想通貨を活用して国内外に広く販売促進していますが、中西氏は「これにより生産者への利益還元を通じた地域創生に貢献したい」と抱負を語ります。

中西氏は「人々を結ぶきっかけを創る（結い）」という意味を込めてYUIX社を2018年11月にエストニア共和国で設立しました。仮想通貨取引所のライセンスを取得する必要からです。仮想通貨で世界中の地域とネットワークを構築し、地方創生の懸け橋となる会社を目指しています。

「新しい貨幣を利用して貿易による生産者の利益を上げ、地域を豊かにする」という中西氏の取り組みと同様の成功例は過去にもあります。福井藩士の由利公正は江戸時代末に藩札を発行して地域経済を活性化させ藩の財政を再建しました。注20

1829年に福井藩士の子として生まれた三岡石五郎、後の由利公正は西洋流砲術を学び武器調達に従事したことからその基礎となる財政の重要性に目覚めました。その後熊本藩出身で福井藩の政治顧問に招かれた思想家・横井小楠に師事したことが契機となり、儒教倫理の至誠を踏まえた経世済民（乱れた世を整え、苦しんでいる民を救う）を実践しました。

由利公正は常識や慣習にとらわれることなく物事の本質を鋭く捉え、世の理を深く理解し、それに基づいた新たな仕組みを考え、それを実行する力に長けていました。具体的には、藩札の発行で調達した資金を藩内の生糸生産者に貸し付け、生産された生糸を適正な対価で買いあげた後、長崎から海外に輸出して外貨を稼ぎました。これにより福井藩に莫大な富をもたらしたのです。

大宜味村での中西康展氏の取り組みが成功するのを期待しています。

地域通貨は「幸福度の向上」が信用の源

現在の日本は地域通貨後進国に甘んじていますが、意外なことに江戸時代は世界に冠たる地域通貨発行国でした。

17世紀半ば頃から発行され始めた藩札は、幕末時点では224の藩（藩全体の8割以上）によって発行され、流通していたのです。

藩札が発行されるようになったきっかけは、17世紀半ばになると経済成長の速度に幕府の通貨発行が追いつかなくなってしまったために、通貨不足に起因する需要不足（デフレギャップ）が発生したからです。

１６３０年の備後福山藩（広島県）の藩札発行が記録として残っている最古の例ですが、藩札は当初から不換紙幣として発行され、その流通価値を維持するため商人の信用が利用されていました。藩札を発行した当初の理由は藩財政の補塡《ほてん》でした。領民に藩札を渡して銀貨を回収し、領民には藩札を銀貨の代わりに使用させていました。

藩札と言えば、取り付け騒ぎの発生などネガティブなイメージが強いのですが、近年の研究ではむしろ幕末にかけてその流通が好転する例が多かったとされています。その理由は地域産業振興の目的で藩札が発行されるようになっていったからです。

各藩は域内の特産品開発に必要な資金の調達のために藩札を発行しました。福井藩の生糸やその織維品、丸亀藩の砂糖などがその成功例です。藩札の事情に詳しい鹿野嘉昭氏は「藩札は通貨の円滑な供給及び地域の活性化を目的として地方政府により発行された地域通貨である」としているように、注21 江戸時代の日本は地域通貨先進国だったのです。

江戸時代の藩札の目的は地域経済の活性化でしたが、現在の地域通貨に求められている役割は地域経済の活性化以上にコミュニティの活性化だと思います。

徐々にではありますが、法定通貨ではなし得なかった新しい関係を地域通貨が構築し始めています。例えば、対価を現金（円）で支払われることに抵抗があるボランティア活動従事者でも地域通貨であれば気軽に受け取ってくれる場合が多いことから、非援助者側が負い目を感じることなく、助け合いの関係が長続きするようになっています。

民俗学などの見地から地域の課題に取り組んでいる鳥越皓之氏は「これまで人間が作ってきた組織は生き残るためだったが、今後は『生き残り尺度』よりも『幸福尺度』のほうに人々の関心が高まる」と指摘していますが、注22 多死社会が到来する日本では、「幸福」の中に「望ましい死」が入るのは言うまでもありません。

ＡＩの普及によって、人間は将来、生産に関する直接的な仕事はしなくなると言われていますが、その代わりに私たちは仲間と共感できるコミュニティを構築・維持する仕事にいそしむようになるのかもしれません。

藩札は藩の「繁栄（富）」をバックに「信用」を獲得しましたが、21世紀の地域通貨は「幸福度の向上」が信用の源になるのではないでしょうか。

熊野飛鳥むすびの里

２０１８年11月４日、国際共生創成協会「熊野飛鳥むすびの里」（以下「むすびの里」）の開所式が行われました。代表である荒谷卓氏は元陸上自衛官１等陸佐（陸上自衛隊特殊作戦群初代群長）で武道家（自衛隊退官後、明治神宮至誠館館長に就任）です。

むすびの里の活動の目的は、①共に生きる（美しい自然と長い歴史のある熊野の地で、土地の人々と自然と、そして神々と一緒に生きる）、②仲間を増やす（国内外の多くの人々と「むすび」の縁を作るため、共助共生のルールの下で仲間の訪問滞在を広く受け入れる。同じような趣旨で活動しているグループとの縁も築く）などです。

施設としては、①保食の館（１００名が同時に食事が摂れる厨房付き食堂）、②道場（鹿島の太刀、合気道等の講習を実施）、③キャンプ・屋外フィールド、④農園などがあります。

「激変する世界のその先に素晴らしい人間と自然の共同体をつくりたい」と考える荒谷氏は「熊野の神々の力によってつくられたとしか言いようがない土地（三重県熊野市）」の中で活動にとりかかりました。

荒谷氏は「仲間の種類を、①家族型（定住して一緒に生きていく仲間）、②親族型（たまにやってきて一緒に生活する仲間）、③同胞型（それぞれの場所から共助し合える仲間）に分けて活動を広げていきたい。自然の中で仲間とともに生きる実践経験の中から、個々人の奥底に眠っているタフな人間力を目覚めさせる共同体ネットワークを構築していきたい」と熱い思いを述べています。都会の日常生活では得がたい「仲間との一体感」を実感できる人間研修の場になってほしいものです。

現代の若者の関心はモノからコトへ、さらには人の生き方や物語へと変わりつつあると言われていますが、荒谷氏の活動はそのよき導きとなると言えるでしょう。荒谷氏は「陸上自衛隊に特殊作戦部隊をつくりたい」という一心から、40歳を過ぎて米陸軍特殊部隊群（グリーンベレー）に留学し「生死をさまよう体験」をした、本物のカリスマです。

荒谷氏が始めた活動はかつての山伏を彷彿とさせます。

明治初期に日本全体で15万人いたとされる山伏。日本人の男性の１２０人に１人が山伏だった計算です。山伏は教師、技術者、医師、仲裁人、芸術家、祭りの主催者であり、聖と俗をつなぐのがその役目でした。

山と里をつないでいた山伏は１８７２年の修験禁止令で強制的に還俗させられて以来、衰退の一途を辿ってきましたが、最近山伏修行が若者の間で人気となっています。

例えば出羽三山の山伏修行は、二泊三日で険しい山道を歩いたり、冷たい滝に打たれたり、法螺貝を吹いたりして、心と身体を鍛える（リセットする）ものです。

「普段の忙しい生活のリズムを忘れ自然を全身で感じることで鈍っていた感覚がよみがえってくる」と感じるのは男性ばかりではありません。

ブラウン氏は「山伏は日本の父だった」と主張しますが、[注23] 荒谷氏のむすびの里での肩書きは「おやじ」です。

荒谷氏は「志を共にするコミュニティとの連携を図りたい」としていますが、その活動を少しでも多くの若者に知ってもらうと同時に、活動資金を捻出するために新たな貨幣（仮想通貨）の利用を検討すべきではないでしょうか。

前述の由利公正は坂本龍馬から財政手腕を評価され、後に明治政府に参与として招かれ経済財政を担当しました。財政的に逼迫する新政府の国家予算を調達するため、太政官札（政府が発行した日本で最初の全国紙幣）３００万両の発行を提言した由利は、資金調達を成功させるためには民衆からの信用を確立することが不可欠であると考え、「新政府の大義を明らかにし方針を示すべき」と思い至り、「五箇条の御誓文」の草案となる「議事之体大意」を起草しました。注24

「国民が政府を信用していさえすれば、政府の発行する札が、たとえ、紙であろうと木であろうと、それは有価物として十分に尊重される」と確信していた由利が現在に生まれたら、ブロックチェーン技術を活用して王道経営（仁と徳によって、民を愛し、世界に誇るべき政治や行政を行うこと）の実現に向けて邁進したことでしょう。

むすびの里の「むすび」とは日本の神道の中心的な考え方である「産霊」のことです。「すべての人は死ねば神の国に行き、残った者たちの幸福のために尽くしてくれる」という教えです。「いのちのバトン」「望ましい死」を掲げる日本看取り士会の柴田氏の活動の原点に神道の教えがあることがわかります。

荒谷氏も自らの目的（幾世代もの人々の経験と知恵によって伝承され形成されてきた共助共生共

栄の文化の作興）を達成するためにブロックチェーン技術を活用して独自の貨幣を発行し、理想とする経済圏を構築すべきです。

看取りコイン（いのちコイン）

筆者が最も注目しているのは「ふれあい切符2.0」です。

ふれあい切符は介護、家事援助、精神的援助を行った場合、その行った時間またはこれに相当する点数を特定の団体に登録することによって、預託者本人、その両親その他一定の者が介護等を必要とするとき、預託した時間または点数を用いて、介護等を受けることができる制度です。注25「ふれあい切符」の原型が日本で生まれたのは１９７３年に大阪の篤志家である水島照子氏が始めた「ボランティア労力銀行（現・ＮＰＯ法人ボランティア労力ネットワーク）」です。出産育児、病気や事故などの非常時にお互いに助け合おうというのがその目的です。１時間を1点とした「愛の通貨」で労力を交換、血縁に関係なくお互いに助け合い、信頼関係をつくっていく仕組みです。

ボランティア労力銀行の活動（時間預託制度）はその後全国的な広がりを見せました。１９８０年代に東京都では「暮らしのお手伝い協会」が、香川県では「日本ケアシステム協会」が設立されました。１９９０年代に、さわやか福祉財団（代表は堀田力氏）が「ふれあい切符研究会」を開催して普及啓発活動を行うと、各地でふれあいボランティア団体（高齢者などの家事援助、送迎、給食などの生活支援や介護などを行うボランティアグループ）が取り組みを活発化させました。

ふれあい切符の仕組みはサービスとサービスの時間を単位として交換するものであり、2つの特徴があります。1つは有償ボランティアと一体化しているため国の通貨と互換性を持っていることであり、もう1つはサービスとサービスの交換が、将来の時点で行われるということです。

ふれあい切符の運動が活発化したのは、1970年代から90年代にかけて急激な高齢化や核家族化により家族だけで介護を担うことが難しくなったからです。行政側がこれに素早く対応することができなかったことから、地域で高齢者を在宅で支援する団体が増えていったのです。

高齢者を支えていこうという動きが市民の間で広まりましたが、継続的に生活支援や介護などのサービスを行うためには無償で行うのは厳しいことに加え、サービスを受ける高齢者もいつまでも無償で支援を受けることには抵抗が生じます。このため対等な関係を確立することを目的に謝礼金（1時間数百円から1000円程度）を支払う仕組み（有償ボランティア）が目指されましたが、ボランティアを志向する人の間に「謝礼をもらうのが目的でなく、困っている人の助けになりたい」という気持ちを持った人が多かったことから、その導入が遅々として進みませんでした。

このような問題を解決するため、活動した時間を預託し、いずれ必要なときにサービスを受けるという時間預託制度を取り入れる団体が増えていったのです。

ふれあい切符研究会を開催した結果、約１４０の団体が時間預託制度を取り入れましたが、２０００年に介護保険制度が導入されると、人々の将来への不安がかなり解消され時間預託の持つ意義が薄れたことから、ふれあい切符を採用する団体の伸びは横ばいになっていきました。現在のふれあいボランティア団体の活動は、生活支援や介護以外のサービス、つまり、精神的な満足（話し相手になる等）を主たる目的としていますが、多死社会の到来で脚光を浴びつつある「看取り」の問題はいまだ手つかずであり、ふれあい切符のもともとの発想が生かせるフロンティアです。

筆者は幸齢者をアンカーにしてブロックチェーン技術を活用した「看取りコイン」を創り、介護保険の対象外となっている「看取り」のネットワークを全国ベースで構築するための検討を開始しています。

仮想通貨の構想については、将来的には母性資本主義における基軸通貨（いのちコイン）として発展させていきたいと考えています。

むすびとして

(1) 世界幸福度調査

２０１９年３月20日、国連は２０１９年版「世界幸福度報告書」を公表しました。

それによれば、日本の順位は58位となり昨年に比べ４つ順位を下げました。国連は７年前から以下に示す６つの指標に基づき、世界１５０以上の国や地域の「幸福度」をランキングしています。

①１人当たりＧＤＰ
②社会的支援の有無（困ったときにいつでも助けてくれる親族や友人はいるか）
③健康寿命（健康を最優先しているか）
④人生選択の自由度（自分の生き方を自由に選択し満足しているか）
⑤寛容さ（過去１カ月間に慈善事業に寄付した金額はいくらか）
⑥汚職（政府やビジネス界の汚職はないか）

以上の質問内容からこの調査結果は「幸せな気分か」というよりも「有意義な人生を送っているか」を聞いている要素が強いことがわかります。

「信頼できる社会制度があれば幸せな人生を送ることができる」と考えれば、社会保障が充実している北欧諸国が上位を占めることが頷けます（フィンランドが２年連続で１位、２位はデンマーク、３位はノルウェー）。

「国連の画一的な指標では日本人の人生の充実度は測ることはできない」との批判がありますが、東アジア地域の中で１位となったのが台湾（昨年33位から25位へ上昇）であったことは示唆的です。

台湾は日本と同様①の1人当たりGDPや③の健康寿命が高いのですが、日本と異なるのは④の自由度が高いことです。その理由について「言論の自由」などが挙げられていますが、筆者は高齢化に対する台湾の取り組みにそのヒントがあると考えています。

台湾は2018年に高齢化率（人口に占める65歳以上の高齢者の割合）が14％に達し「高齢社会」に突入しました。高齢化率が21％を超える「超高齢社会」は8年後に到来する見込みです。日本が「高齢社会」から「超高齢社会」への移行に要した年数が11年であることにかんがみれば、日本を上回る速いペースで高齢化が進んでいるのです。

このような事態に備え台湾が21世紀初頭から「QOD（死の質）」の向上に取り組み始めたことは本文で述べましたが、台湾では「死に方」を含めた自分の生き方を自由に選択し満足している割合が多いと言えるのではないでしょうか。

多死社会を迎える日本で、人生前半期の選択以上に人生後半期の選択の自由度が国民の幸福度に大きな影響を与えることは言うまでもありません。国民の幸福度を上げるためにも、国を挙げてQODを高める努力をすることがいかに大切なことであるかを痛感させられました。

（2）人口減少への危機感が促す出生数の増加

人口学では人口転換理論が有名です。人口動態の変化が経済社会の発展に伴い、多産多死から多産少死を経て、やがて少産少死に至るというものです。現在の日本はその先の少産多死の段階にまで至っていますが、最近人口学で「ホメオスタシス」という概念に注目が集まりつつあります（巻末補論2参照）。

ホメオスタシスとは「生体が外的な環境変化に対して生存を確保するために生体内の環境を一定の状態に維持すること」を示す生物学などで使われる用語ですが、近年人口学の分野でも「人口増加を一定の水準に収束させるメカニズム」として応用され始めているのです。

ホメオスタシスの考え方に従えば、出生行動は個人の行動の集合というよりもヒトという種全体の生き残りに起因することになります。その例として、人類の長い歴史のほとんどで人口の増加が低かったことは資源が制約要因であったことなどが挙げられます。

制約要因として「資源の多寡」が大きな影響を持っていましたが、先進国をはじめ世界が豊かになる中では別の要因（死の意識の希薄化）が浮上してきているのではないでしょうか。

前述したとおり、戦後日本では死の瞬間が医療に委ねられるようになると家族がこれにかかわる度合いが少なくなりました。「前進することが良し」とされていた高度成長に伴う社会の変容の中で死は隠蔽されるべき対象になっていきました。

死が隠蔽される時代が長く続きましたが、多死社会の到来により死が再び身近なものになってきています。20代の若者が死を最も恐れていること、40～50代においても死に対する恐れは強いことは述べました。多死社会の到来で死がタブーではなくなり、日本人1人1人が死の問題に向き合いつつあります。

多死による人口減少がもたらす日本人の意識の変化を外的な環境の変化と捉えれば、ホメオスタシスの理論が適用できそうです。つまり近年の死亡数の増加で死に対する意識が高まり、日本全体で人口減少に対する危機感が高まれば、死亡数の増加が出生数の増加を促すことになるのではないでしょうか。

（3）文明システムの転換となるパラダイムシフト

英国では20世紀初頭に出生率が大きく低下した時期があり、政府や研究機関は17の人口予測を策定しましたが、第1次世界大戦後の実際の人口の予測をはるかに上回って増加しました。

米国でも出生率が1920年代に低下し始めて1930年代まで下がり続けた事態を受けて、1935年に発表された人口予測では「1965年には米国の人口は3分の2まで減少するだろう」とされていました。ところが、第2次世界大戦が始まると急に結婚率が高まり、それにつれて出生率が大幅に上昇した結果、1965年には人口が減少するどころか、逆にベビーブームが到来したのです。注26

英米の例は死亡数の増加が出生数の増加をもたらしたと考えられますが、日本に多死社会をもたらす要因は「戦争による不条理な突然死」ではなく「高齢化に伴う長くて緩慢な死」であることから、死亡数の増加が直ちに出生数の増加につながるとは限りません。

　ホメオスタシスの視点から出生数の増加を考える際に様々な要件がありますが、筆者は「世紀末の閉塞感から抜け出し、社会全体に清新の気が張ること」が大事ではないかと思っています。そのためには文明システムへの転換と言えるほどのパラダイムシフトが必要です。

「日本はこれまで数回、人口減少の時代を経験した。それは気候変動や戦争、災害といった不幸に伴う出来事ではなく、『文明の成熟化』に付随する必然的な歴史現象だった。現在の少子化は人々は半ば無意識のうちに先の見えない将来へ子孫を送り込むことに不安を感じた結果である」。[注27]

　このように指摘する歴史人口学者の鬼頭宏氏ですが、「今までのやり方では社会が維持できないとわかって初めて、人は必死に工夫し、新しい文明システムへと転換していけば人口増加に転じる」[注28]と予測しています。

　人間は不安なときには思い切った意思決定が出来ないものです。迷って選択できないからよけい不安になり、選択できないから一層内向きになります。平成の日本がまさにそうだったと思います。『菊と刀』の著者であるルーズ・ベネィクトは「日本人が持っている実力を十分に発揮することができるのは、どんなに困難な状況でも『これは自分たちにとってあらかじめわかっていた、あるいは計画されていたことである』と考えることができる場合である」[注29]と指摘しているように、日本人は今後の人生について具体的なこまごましたことまで事前に定まっていないと持ち前の能力を発揮できないようです。しかし現状がこれ以上どうにもならないほど悪い状況になった場合、人間は喜んでリスクを取るものであり、その際感情に訴えることができる点でエビデンスよりもストーリー（エピソード）の方が影響力を持つことでしょう。

人間は混沌的な状況の中でこそ、より高い秩序（コスモス）を発見するものです。

パソコンの生みの親であるアラン・ケイのひそみにならえば「未来というものは予測するよりも、むしろそれをビジョンとして想い描くもの」です。

多死社会の価値変容に応じた新たな文明システムへの転換（パラダイムシフト）がなされれば、日本は再び多産多死に戻ると筆者は信じてやみません。

筆者のささやかな提言は以下の通りです。

①地域包括ケアシステムに「看取り」機能を付与する。

②「看取り」をはじめとする対人ケアに特化できるよう、介護分野の労働環境を抜本的に改善する。

③まちづくりに「死にがい」と「グリーフケア」の視点を導入し、ソサエティ5.0の取り組みを「満足して死ねる社会」の実現につなげる。

④「看取りの互助社会」の形成に資する「母性の通貨」の普及を通じて日本版「国民の家」構想を

実現する。

最後に筆者の夢を語らせてください。

それは令和の時代に「望ましい死（幸福死）」という考え方を日本をはじめ世界に広げることです。幸福死とは自らの人生に満足して死ぬことができる生き方のことです。

現在各所で「終活」活動が実施されていますが、幸福死を実現するためには死の瞬間まで自らの魂を磨き続ける努力が必要なのは言うまでもありません。

幸福死を実現するためには本人の努力に加えて、母性資本主義によりすべての人が誰かの胸に抱かれて亡くなることができる社会（母性社会）を築くことが不可欠です。

このような母性社会が実現できれば、老後を「幸福死」までの準備期間として積極的に意義づけることが可能となります。

平成の理想は「高福祉社会」の実現でしたが、令和の理想は「幸福死社会」の実現にしようではありませんか。

補論

日本における多死社会

駒澤大学 経済学部准教授
増田幹人

増田幹人（ますだみきと）
1977年生まれ。博士（経済学）。2009年内閣府経済財政分析担当政策企画専門職、2012年内閣府経済社会総合研究所研究専門職、2015年駒澤大学経済学部講師を経て、2017年より同大学経済学部准教授。
著書に『人口減少と少子化対策』（共著、原書房）、『移民・外国人と日本社会』（共著、原書房）など。

補論1　日本における多死社会の現状、将来および歴史的背景

日本は多死社会に入りつつある。死亡水準は高く、第2次世界大戦終了前の時期と近い水準である。ただし、今日の死亡は戦争や疫病によって多発しているのではなく、長寿化によってもたらされているところに今日的特徴がある。その死亡はもっぱら癌によりもたらされており、それは都道府県別の死亡率の高さの原因にもなっている。また、今日、多死は先進諸国共通の現象になりつつあるが、その中でも日本の存在感は大きい。補論1では、日本における多死社会の現状、将来および歴史的背景について都道府県や諸外国との比較を交えながら明らかにしていく。

1－1　死亡数の推移

図1は、日本における死亡数と普通死亡率の推移を過去から将来にわたる期間について示したものである。過去のデータは基本的には厚生労働省「人口動態統計」から用いているが、本土空襲前後の1944～46年についてはデータが欠損しているため、その期間は総務省統計局「日本の長期統計系列」のデータから用いている。将来のデータは、国立社会保障・人口問題研究所「日本の将来推計人口（平成29年推計）」から用いている。

まず、日本における死亡数の推移を見てみよう。全体を概観すると、第2次世界大戦が終了し戦後の混乱が収まる頃までは高水準であり、その後急激に減少し、1980年代後半頃まで横ば

いで推移した後、再び増加するという傾向を示している。第２次世界大戦が終了するまでの間、日本の医療水準や食糧事情等は決して良好な状態ではなく、死亡水準が高い状態にあった。その結果、死亡数はだいたい１００万人前後で推移していた。特に疫病に対しては脆弱であった。全世界で数千万人の死者を出したスペイン風邪による影響はその最たる例である。スペイン風邪は１９１８年と１９２０年に日本で猛威を振るったが、その結果両年の死亡数はそれぞれ約１５０万人、約１４０万人であり、死亡数が多い第２次世界大戦終了前の時期においてもその高さが目立つ。

戦争や震災による影響は、疫病による影響と比べるとそれ程大きくはない。ほとんど死者が出なかった第１次世界大戦は例外としても、１９０４～05年の日露戦争でさえそれほど死亡数に大きな変化は出ていない。また、１９３１年の満州事変から１９４５年の太平洋戦争終結までの15年戦争の期間中でも死亡者数は横ばいである。ただし、本土空襲が激化した１９４５年は例外的であり、死亡数は約２１５万人にまで急増している。震災も全体の死亡数に対してはそれほど大きな影響を及ぼしておらず、関東大震災が生じた１９２３年にも死亡数は増えてはいるが、それほど大きいものではない。これは、１９９５年の阪神淡路大震災、２０１１年の東日本大震災についても同じことが言える。

第２次世界大戦が終結すると、日本は急速な経済発展を経験することにより医療水準や食糧事情等が大幅に改善されたため、乳幼児死亡率が急激に低下し、その結果死亡数は大幅に減少した。これは、戦後に死亡の多くを占めていた感染症による乳幼児死亡、若年死亡が、抗生物質等の新しい医療技術の普及によって減少したためである（金子・村木・宮本　２０１８）。

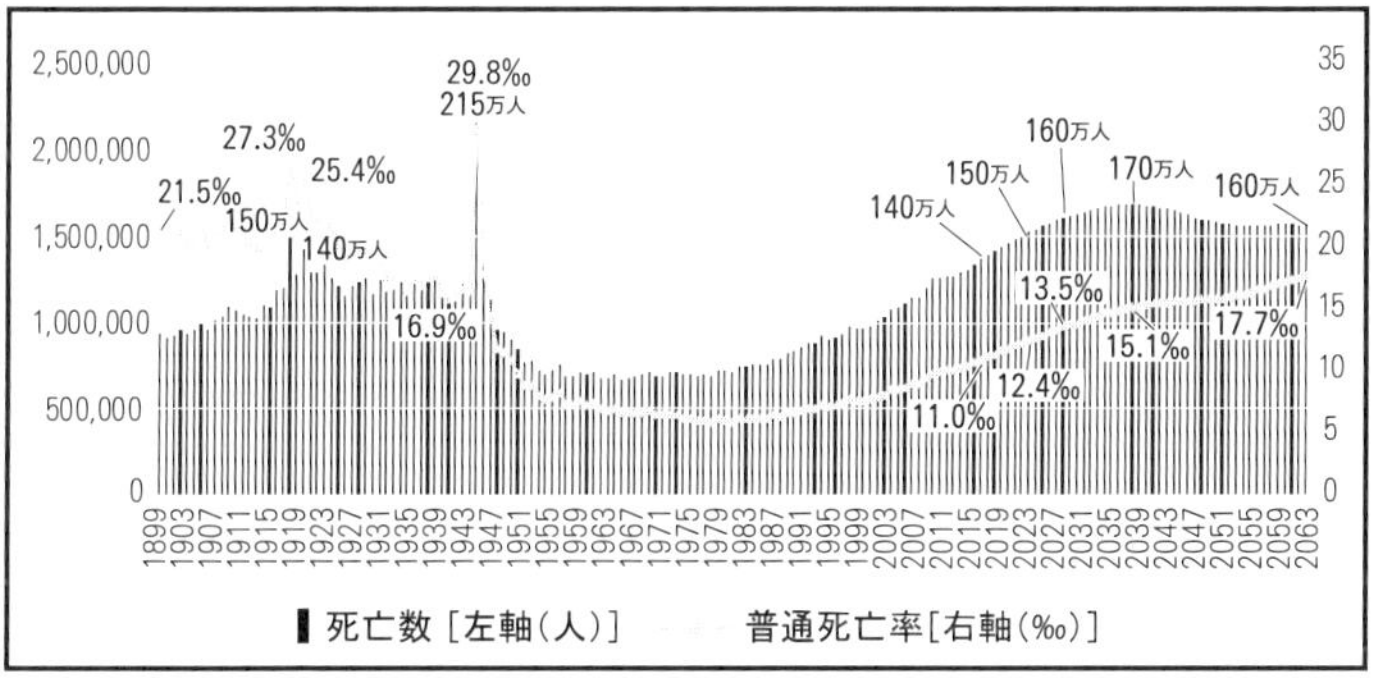

図１　日本における死亡数と普通死亡率の推移
資料）厚生労働省「人口動態統計」、総務省統計局「日本の長期統計系列」、
国立社会保障・人口問題研究所「日本の将来推計人口（平成29年推計）」
注）将来の値は中位推計値である。

そして、高度経済成長が始まる頃の１９５０年代後半になると死亡数は約70万人にまで減少し、その後１９８０年代後半頃までその水準近傍で推移している。しかし、１９８０年代後半以降になると再び死亡数は増加を始めたのである。これによりもたらされた社会こそが今日の多死社会である。

２０１８年現在における死亡数は約１４０万人である。この水準は、例外を除けば１９１０～30年代の頃の死亡数よりも大きい。スペイン風邪が流行した年の死亡数と比べても、２０１８年の水準の方がわずかに小さい程度である。本土空襲が激化した年の水準には及ばないものの、現在の高い死亡数は驚くべき水準である。

このように、今日の死亡水準は非常に大きなものだが、これはもっぱら死亡確率の高い高齢者の死によってもたらされている。そして、その最もウェイトの大きな死因は癌である。２０１７年現在、40歳から89歳までの死因の1位は癌となっ

１　１９４４年も本土空襲の年だが、本格的な空襲が始まったのは同年の年末からであるため、死亡数は若干増加しているが１９４５年の水準には及ばない。

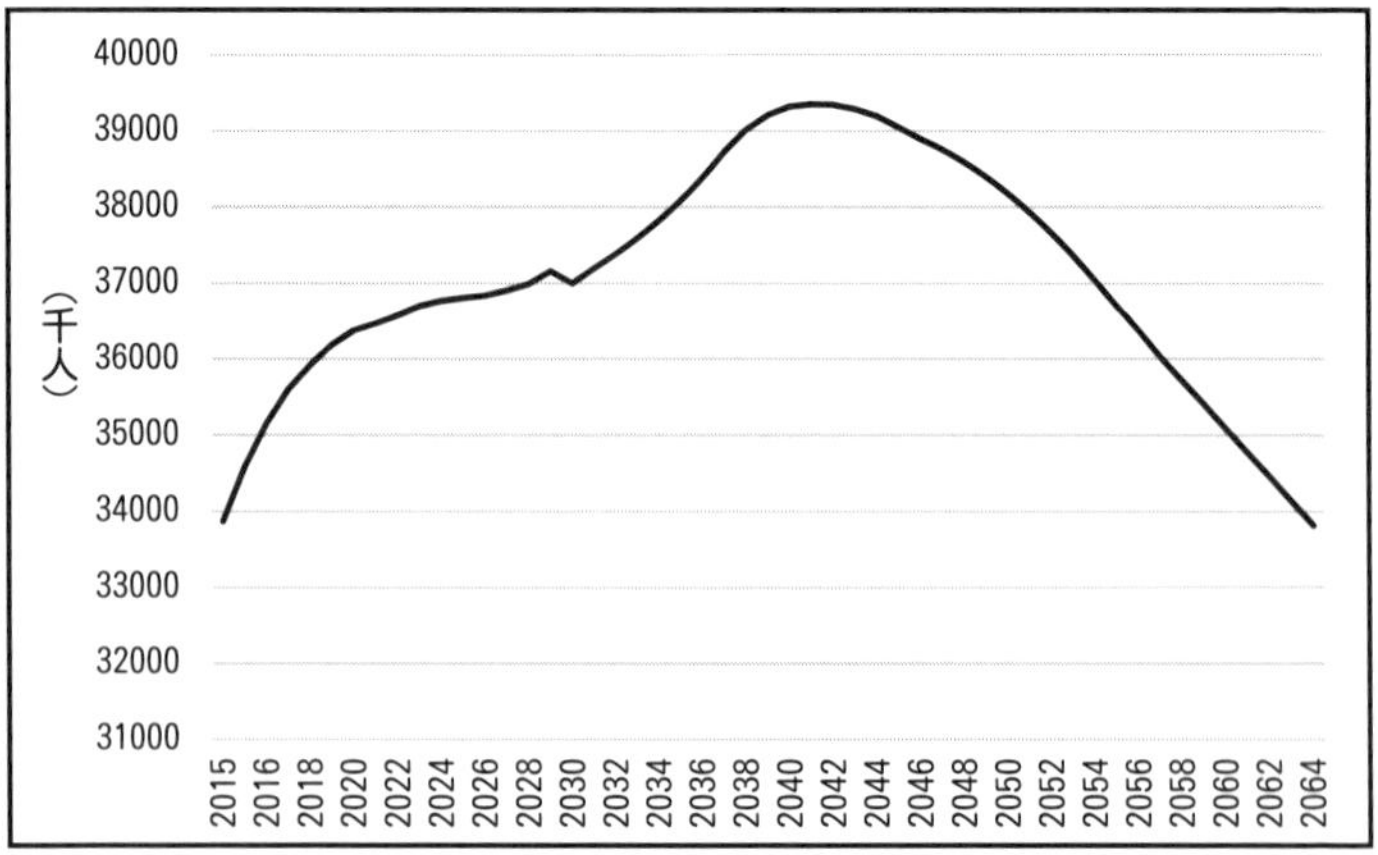

図２　65歳以上人口の将来推計
資料）国立社会保障・人口問題研究所「日本の将来推計人口（平成29年推計）」

ており、現役世代のみならず、高齢者の多くも癌により死亡しているのである。かつて死亡水準が高かった時代は疫病の流行、飢饉、戦争等による死亡が多かったが、医療水準や食糧事情等が改善すると、死因は循環器系疾患の病気へと推移し、さらに時代が変化すると、悪性新生物（腫瘍）すなわち癌による死亡のウェイトは大きくなった。現在、日本人の２人に１人が生涯で癌になる時代である。そして、癌による死亡率は現在約30％、すなわち３人に１人が癌で死ぬ時代である。そして今後は２人に１人が癌で死亡するようになるとも言われている。このことが、今日の多死社会の背景要因となっているのである。

　日本の多死傾向は将来さらに強まることが予想されている。国立社会保障・人口問題研究所（以下、社人研と呼ぶ）の将来推計（２０１７年推計）[2]で確認すると、団塊の世代が75歳以上となる２０２５年には死亡数は約１５０万人となり、２０３０年には約１６０万人、２０４０年には約１７０万人まで増加することが予想されている。ただし、死亡数のピークは２０４０年であり、それ以降は減少傾向を辿り、

２０６５年には約１６０万人にまで減少することが予想されている。しかし、減少するといっても、この１６０万人という水準は２０１８年の水準よりも大きく、決して小さい数ではない。日本では将来、本格的な多死社会を迎えることになる。

なお、死亡数が２０４０年を境に減少する原因は、高齢者の人口減少に起因している。図２は、社人研の将来人口推計における65歳以上人口の将来推計値（中位推計値）を示したものである。これを見ると、65歳以上人口は２０４２年まで増え続けるが、その後減少することが予想されている。すなわち、死亡率の高い高齢者の数自体が減少するために、死亡数も減少するというわけである。

次に、出生数との比較から多死社会を概観してみよう。図３は、先の図１における死亡数の推移に出生数の推移を加えたものである。２００４年までの間、基本的には出生数が死亡数を上回り続けている。平均的に見ると、この間、死亡数は出生数に対して60％程度の水準である。例外的に低いのは、１９４０年代後半頃から１９７０年代後半頃までである。例えば１９４７年から49年における（第１次）ベビーブーム期では、死亡数は出生数の約40％、１９７１年から74年に

２　日本の将来人口推計値として最も代表的なのは、国立社会保障・人口問題研究所（以下、社人研）が行っている将来人口推計の値である。これは、「国勢調査」の人口が明らかになったら、それに基づき速やかに行われる人口推計であり、日本を代表する公的な人口推計値である。現在では、２０１７年推計が最も新しい推計値である。出生、死亡それぞれについて高位、中位、低位の3通りの仮定値が設定され、それぞれが組み合わさった9通りの将来推計人口結果が示されている。ここでは、最も平均的な中位推計値（出生と死亡の中位仮定の組み合わせ）を示す。

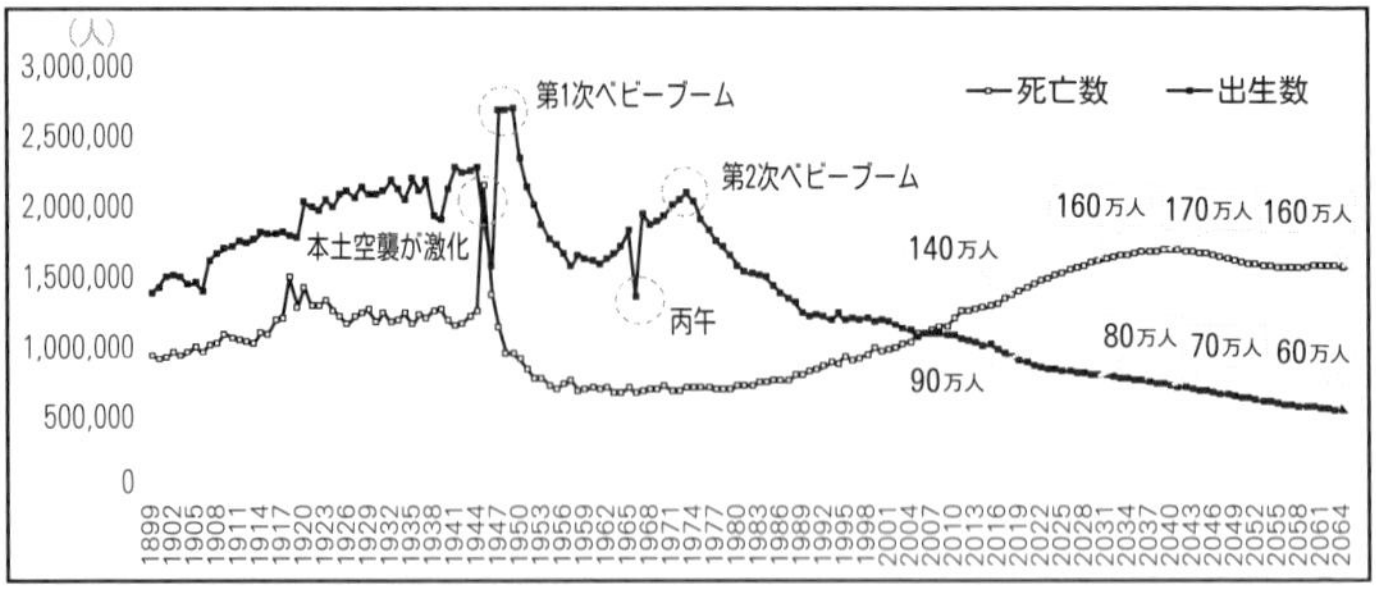

図３　出生数と死亡数の推移
資料）厚生労働省「人口動態統計」、総務省統計局「日本の長期統計系列」
国立社会保障・人口問題研究所「日本の将来推計人口（平成29年推計）」
注）将来の値は中位推計値である。

おける第２次ベビーブーム期では、死亡数は出生数の約30％にまで縮小している。１９６６年の丙午[3]の年には例外的に出生数が減少したため、死亡数は出生数の約50％という水準にまで上昇している。なお、この間に逆に死亡数が出生数を上回ったのは一度だけあり、それは本土空襲が激化した１９４５年である。この年に出生数は死亡数より10％低い水準となったのである。

しかし、１９７０年代から出生数は持続的に減少し続け、死亡数は１９８０年代後半から持続的に増加したことにより、２００５年には死亡数が出生数を上回る結果となった。２０１８年現在においては、出生数約90万人、死亡数約１４０万人であり、出生数は死亡数の３分の２という状態である。この時点ですでに、本土空襲が激化した年の状態よりも、死亡数が出生数を超過する程度は大きくなっている。

この傾向は将来強まることが予想されている。出生、死亡いずれについても中位推計値で確認すると、２０３０年には出生数は死亡数の２分の１にまで縮小する。そして、２０４０年には２分の１を下回り、２０６５年に至っては出生数は死亡数の３分の１程度にまで縮小してしまうのである。この傾向は、出生数の将来推計値を標準的な中位仮定値より高く見積もった高位仮定値で見ても大きく変わるものではない。2065年における出生数の高位仮定値は約70万人になると予測されており、死亡数約160万人に対する比率は2分の1程度にまで改善するが、状況が大きく変わるわけではない。この少産多死という現象は、日本の人口減少を加速させる要因となる。

以上、出生数の動きを交えながら死亡数の推移を過去から将来にわたり確認してきた。死亡数は人口規模と死亡率の積で表されるため、人口規模の影響も受ける。例えば、総人口が多ければその分死亡数も大きくなる。したがって、死亡数は社会に与える規模の影響を確認するためには有用であるが、医療水準や食糧事情等により死亡水準がどれだけ変化するのかを細かく捉えるためには、死亡数ではなく、死亡率の推移を見る必要がある。

1-2　普通死亡率の推移

先の図1には、普通死亡率の推移も示してある。普通死亡率とは総人口に占める死亡数の割合を表す指標であるため(千分率‰で表示される)、死亡数と比較すると、年齢構造が大きく変化しなければ医療水準や食糧事情等が改善することによる死亡水準の低下を反映することが可能とな

3　丙午とは十干と十二支の組み合わせにより60年で一巡する干支の1つである。この年に生まれた女性は気性が激しく、7人の夫を殺し、家の財産を食いつぶすといった迷信が広まったため、出産を控えたり、出生日を前後にずらして申告するといった操作が行われたこと等により、1966年の出生数が減少した(別府　2010)。

る。普通死亡率の推移を概観すると、死亡数と同じ傾向が見られる。すなわち、第２次世界大戦が終了するまでは高水準であり、その後急激に低下し、１９８０年代後半頃までは低水準で推移した後上昇するという傾向である。

ただし、細かく見ると、普通死亡率は第２次世界大戦が終了するまでの間高水準であったが、スペイン風邪や本土空襲という例外的なイベント[4]を除けば、この間普通死亡率は低下傾向を示している。１８９９年には21.5‰であった普通死亡率は、１９４４年には16.9‰にまで低下している。この点は、第２次世界大戦終了よりも前の時期においても、医療水準や食糧事情等が改善していたことを示しているに他ならない。この点は死亡力転換により説明が可能である。死亡力転換とは、近代化により死亡率が高死亡から低死亡に至る過程を言うが、日本でも明確な死亡率の低下傾向を確認することができる。

普通死亡率は、第２次世界大戦が終了した後さらに低下し、１９８０年代後半頃には約６‰にまで低下している。その後、死亡数と同様に、１９８０年代後半頃から上昇し始め、２０１８年現在では11.0‰にまで上昇している。11.0‰とは、百分率で見れば１００人に１人が死亡することを表しており、普通死亡率からも多死社会を確認することができる。将来は普通死亡率もさらに上昇することが予想されている。普通死亡率は将来にわたり低下することなく上昇を続け、団塊の世代が75歳以上となる２０２５年には12.4‰となり、２０３０年には13.5‰、２０４０年には15.1‰、２０６５年には17.7‰にまで上昇することが予想されている。２０４０年以降は減少すると予想されている死亡数とはこの点で異なる。

また、死亡数の場合と異なり、現在の普通死亡率は第2次世界大戦終了前の期間における水準には及ばない。2018年の普通死亡率は11.0‰であるが、第2次世界大戦終了前の水準は最も低くても16.0‰である。普通死亡率は、2050年頃になってようやくこの水準に達することが予想されている。ただし、現在の水準が第2次世界大戦終了前の期間の水準に及ばないものの、現在の普通死亡率は多死社会を表現するには十分な水準であると言える。

1－3　都道府県別に見た多死

死亡水準は都道府県別に見ると明確な特徴が見られる。死亡数は人口規模に比例するので、東京都、大阪府、神奈川県、愛知県といった都市圏ほど死亡数は多く、鳥取県、福井県、山梨県、島根県といった地方圏ほど少なくなっている。他方、普通死亡率で見ると逆の傾向が見て取れる。図4は、2017年における都道府県別の普通死亡率の分布が示されているが、東京都、神奈川県といった都市圏では普通死亡率は低く、逆に秋田県、高知県、島根県といった順で普通死亡率が高いというように、地方圏で高くなっている。また、都道府県別の普通死亡率を上位13位まで見てみると、5つの東北地方の県が入っている。一番水準が高い秋田県の普通死亡率は15.5‰であり、これは2040年の全国の水準15.1‰とほぼ同水準である。すなわち、現在都道府県で最も普通死

4　死亡数と同様に、スペイン風邪が猛威を振るった1918年、1920年ではそれぞれ27.3‰、25.4‰にまで急上昇し、本土空襲を経験した1945年では29.8‰にまで急上昇した。

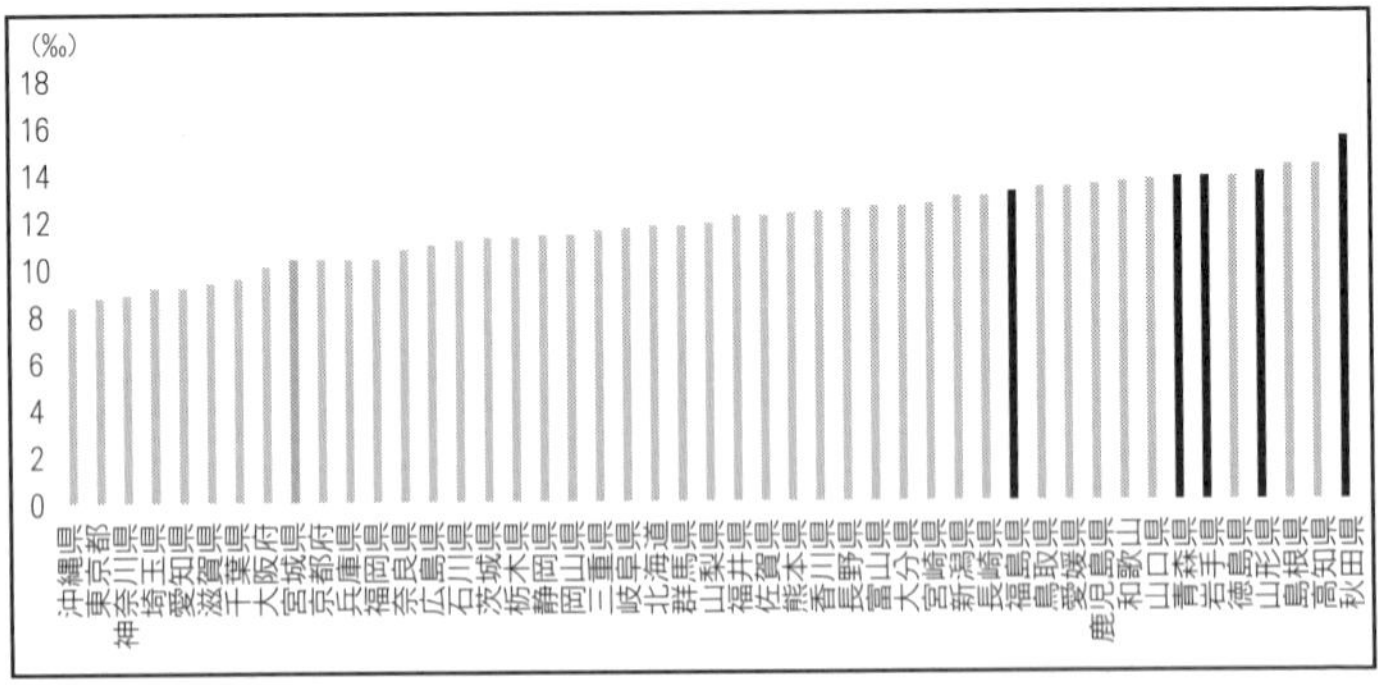

図４　都道府県別に見た普通死亡率（2017年）
資料）厚生労働省「人口動態統計」

亡率が高い秋田県の水準は、将来の日本の姿であるとも言える。

都道府県別の普通死亡率の高さを決定しているのは癌である。２０１７年において、47都道府県中いずれの都道府県も死因のトップは悪性新生物（腫瘍）すなわち癌となっている。すなわち、いずれの都道府県でも癌のウェイトが最も大きいため、都道府県別の普通死亡率の高さを決定しているものは癌というわけである。秋田県は癌の死亡率が47都道府県中最も高く、他の東北地方における県の癌の死亡率も山形県、岩手県、青森県、福島県は上位13位に入っているため、このことはこれらの地域の普通死亡率の高さの原因となっている。

１－４　国際比較から見た日本の多死

国際比較を行うと、日本の多死社会はどれだけ進んだ状態なのだろうか。ここでは、比較的日本と高齢化の進展状況が近い国を選び、普通死亡率を比較することにより、国際的に見た日本の多死社会の進展状況を明らかにする。国際比較を行う場合、死亡数で比較を行うと、中国やインドのような人

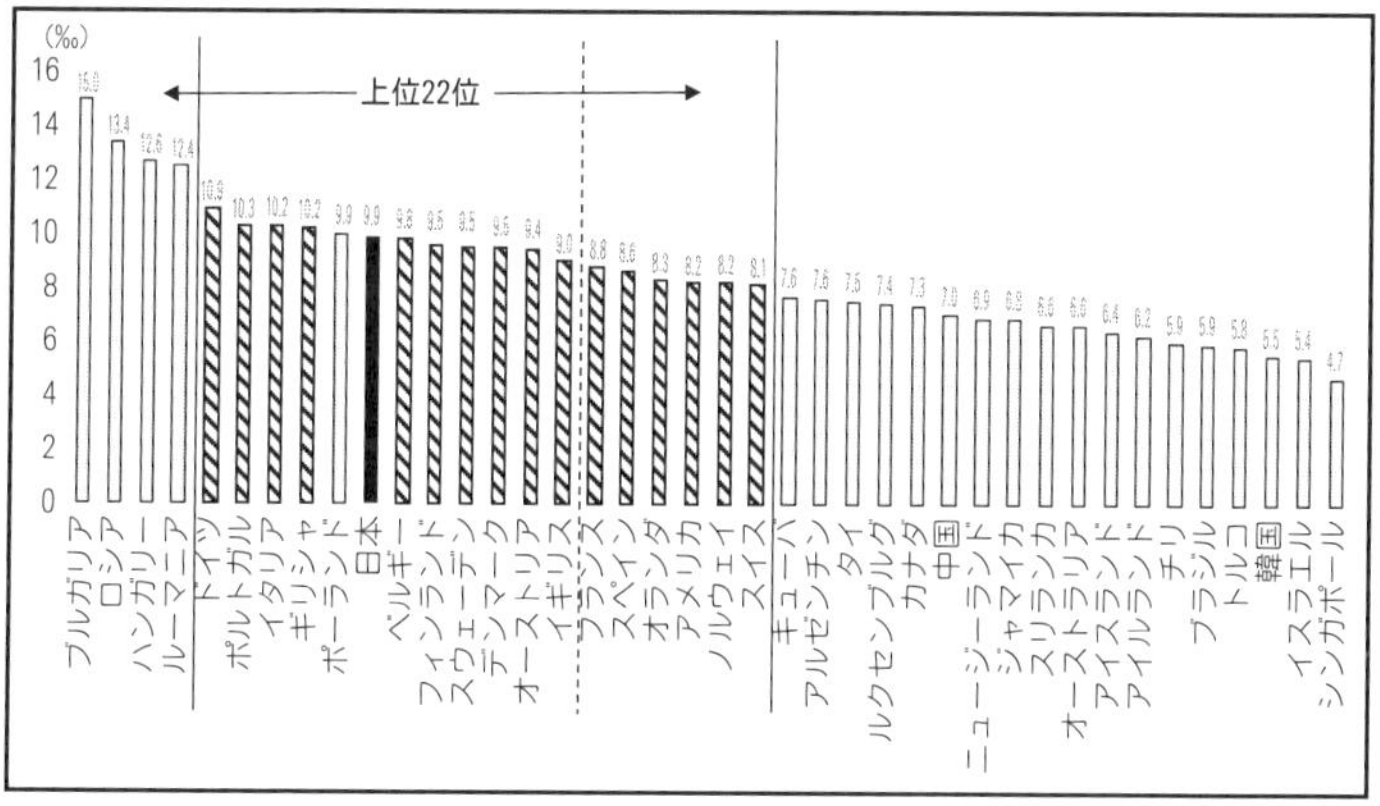

図５　普通死亡率の国際比較（2010〜2015年）
資料）United Nations Population Division, World Population Prospects 2017

口大国の死亡数が非常に大きくなるといったように、人口規模からもろに影響を受けて死亡の水準を正確に把握することが難しくなるため、人口規模の影響を除去した普通死亡率で比較を行うことにした。

国の選定は、国際連合のデータベース（United Nations Population Division, World Population Prospects 2017）における２０１５年の高齢化率（65歳以上人口が総人口に占める割合）に基づいて行った。すなわち、高齢化率が高い国のうち、世界経済等への影響が比較的大きい国について同データベースにおける２０１０〜15年の普通死亡率の国別順位が上位40位の国を選んだ[5]。このように高齢化率が高い国を選んだ理由は、比較的日本と高齢化の進展状況が近い国（すなわち、高齢化が進展している国）の間で比較を行うためである。もしも、高齢化率が低い国（例えば、サハラ以南のアフリカ

5　最新かつ最も多くの国のデータが揃うのは、高齢化率はUnited Nations Population Division, World Population Prospects 2017における２０１５年のデータ、普通死亡率は同データベースにおける２０１０〜15年のデータとなる。

諸国）も含めてしまうと、高齢化による高死亡ではなく、むしろエイズ等による若者の高死亡を強く反映してしまうため、高齢化による死亡水準についての比較を行うことが難しくなってしまうからである。

図5は、上述した基準に基づき選定された40の国について、2010年から15年における普通死亡率を高い順に示したものである。これを見ると明らかなように、普通死亡率の上位4位には、ブルガリア、ロシア、ハンガリー、ルーマニアといった旧共産圏の国が入っており、これらの国の普通死亡率は12～15‰と相対的に高い水準である。ただし、旧共産圏の国々では、日本、北欧、西欧、南欧といった先進諸国と異なり、高齢者の死亡率よりも乳幼児や若年者といった相対的に若い層の[6]死亡率の高さが目立つ。この旧共産圏の国々における相対的に若い層の死亡率が、普通死亡率の高さに寄与している面は大きい。

上位5位から22位までは、ほとんど日本、北欧、西欧、南欧といった高齢者の死亡率の高さが目立つ先進諸国によって占められている。これらの国の普通死亡率は、上記の旧共産圏の国には及ばないまでも、8～10‰と高水準である。その中でも、日本、ドイツ、ポルトガル、イタリア、ギリシャ、ポーランド、ベルギー、フィンランド、スウェーデン、デンマーク、オーストリア、イギリスの普通死亡率は相対的に見て高水準である。ドイツ、イタリアは日本と同様に高齢化率が高い国で知られているが、普通死亡率でみるとドイツ、イタリアの水準は日本の水準よりも高い。これは、ドイツとイタリアの高齢者の死亡率がそもそも日本並みに高いことに加え、主に乳幼児死亡率が日本より高いことに起因している。ポーランドだけは旧共産圏の国であり、高齢者の死亡率よりも相対的に若い層の死亡率の高さが目立つ国となっている。このため、ポーランドの普通死亡率は日本、北欧、西欧、南欧の水準と近いものの、その構造はこれらの国々と異なる。フランス、スペイン、オランダ、アメリカ、ノルウェイ、スイスの普通死亡率は日本、ドイツ等よりも少し低い水準となっている。日本は上位10位に位置しており（旧共産圏の国を除けば上位５位）、世界において普通死亡率が高い国として位置づけられる。

普通死亡率の順位が上位22位よりも下の国には発展途上国が多く含まれているが、ルクセンブルグ、カナダ、ニュージーランド、オーストラリア、アイスランド、アイルランド、韓国といった先進国も含まれている。ルクセンブルグ、カナダ、ニュージーランド、オーストラリア、アイスランド、アイルランドの普通死亡率はそれぞれ６～７‰と低水準である。これらの水準は日本における１９９０年代初頭の水準とほぼ同じである。これらの国々の高齢化率は先進国の中では低く、そのため普通死亡率も低い水準にとどまっている。他方、韓国は、高齢化が進展し始めたのが比較的最近であるため、現在の高齢化率はそれほど高くはなく、普通死亡率も非常に低い5.5‰となっている。この水準は、日本の普通死亡率が低水準で推移した頃（１９５０年代後

6　例えば、２０１５～20年における乳児死亡率を見ると、ブルガリア7.2‰、ハンガリー4.2‰、ルーマニア7.4‰、ロシア7.0‰、ポーランド4.0‰という水準に対して、ドイツ2.1‰、イタリア2.3‰、日本1.9‰、ベルギー2.8‰、スウェーデン1.9‰、フランス2.8‰というように日本、北欧、西欧、南欧といった国々では低い（United Nations Population Division, World Population Prospects 2017）。

半頃から1980年代後半頃まで）の水準よりも低い。ただし、高齢化の速度は急速であるため、近い将来、高い普通死亡率を経験することが予想される。上位22位よりも下のグループに含まれている発展途上国も、現在高齢化が進展している韓国と似た状況にあり、今後一層高齢化が進むことにより普通死亡率が高まる可能性がある。

以上見てきたように、例外はあるものの、日本を含めた先進諸国の普通死亡率は概ね高く、先進諸国は多死社会に入りつつあると言ってよいだろう。その中でも日本の普通死亡率は上位に位置しており、世界における多死社会としての存在感は大きいと言える。

補論2　多死とホメオスタシス

補論2では、死亡水準が出生行動に影響を及ぼすメカニズムについて、ホメオスタシス（homeo-stasis）という考え方に基づき説明する。[7]

ホメオスタシスとは本来、生体が外的な環境変化に対して、生存を確保するために生体内の環境を一定の状態に維持することをいう。生体の全体的なバランスを調整する機能と形態を意味する生理学や生物学で用いられる用語であったが（大淵　2010）、近年では広く社会分析等でも転用されている。この意味において、ホメオスタシスは、分子や細胞のレベルから人間個人のレベル、延いては人間社会の組織、人口といったマクロのレベルまで様々なレベルにおいて存在している。ホメオスタシスの重要な側面は、外的な環境の変化に対して反応し、均衡状態に向けた調整がうまく機能するかどうかということである。

ホメオスタシスの考え方は人口学の領域でも用いられており、人口増加を長期的にみて一定に収束させるメカニズムというような捉え方がなされている。すなわち、長期的に見ると、ホメオスタシスが機能することにより、人口増加は一定の状態に収束するということである。また、出生に対しては以下のような調整機能が作用すると考えられる。すなわち、出生率が人口置換水準[8]を上回れば押し下げる調整が働き、下回れば押し上げる調整が働くことになる。

こうした人口学的なホメオスタシス[9]は、死亡水準の変化によって機能すると言われている。かつては、子どもが多く死ぬことにより、それを補うべく多く子どもを産んでいた。しかし、主に

7　補論2は、増田（2019）の内容を取りまとめたものである。
8　人口を一定に維持する合計特殊出生率（1人の女性が生涯産む子ども数）の水準のことである。日本における現在の水準は2.07である。
9　ホメオスタシスの考え方の源流は、T・Rマルサスにまで遡ることができる。マルサスは、『人口の原理』第6版において、生存資料に対して人口が過剰になれば、死亡増加による積極的妨げと、結婚の遅延等による出生抑制を通じた予防的妨げによって調整されることを示しているが（大淵・森岡　1981）、これは人口を一定の水準に収束させるためのメカニズムを示しているに他ならず、人口学的ホメオスタシスの原点を示していると言える。すなわち、過剰人口が生じたならば、資源との均衡が図られるように人口コントロールが作用するからである（Wilson and Pauline 2010）。

免疫力の低い乳幼児の生存率の上昇（すなわち死亡率の低下）は、子どもを多く産むインセンティブを抑制し、多くの家族を必要としなくなったため（Chesnais 2001）、結果として出生率の低下が実現したのである。死亡率の低下が出生を抑制するメカニズムが成り立つのだとすれば、逆のメカニズム、すなわち死亡水準の上昇が出生率の上昇をもたらすメカニズムもホメオスタシスにより説明することができるだろう。[10]

以上のように、ホメオスタシスは死亡水準の変化によって機能するが、河野（１９９９）は以下の通りホメオスタシスが機能するための10の条件を示している。①コーホート出生率が期間出生率よりも高いこと。②夫婦の期待出生数が実際の出生数よりも高いこと。③夫婦の理想子ども数が期待子ども数よりも大きいこと。④未婚の男女で結婚の意思のあるものは、最近減少したとはいえ、いぜん90％近くあること。⑤日本では離婚や母子家庭が国際的に見て少ないこと。⑥少子化対策を政府、地方自治体がかなり本腰を入れて行い始めたこと。⑦少子化の長期的継続を懸念する国民的関心が高まっていること。⑧景気回復の胎動が見られ始めたこと。⑨やがて21世紀

10　このメカニズムは、いくつかの研究において実証されている。例えば、Billari and Dalla-Zuanna（２０１３）は、国レベルのデータを用いることにより、生存率（具体的には女性が30歳までに生き残る確率）と合計特殊出生率の相関分析を行っているが、負の相関を見出している。また、小黒（２０１０）は、経済学的な視点に基づき平均寿命（すなわち生存率）と合計特殊出生率との関係を分析し、国レベルのデータを用いることにより、平均寿命が上昇するほど出生率は低下することを明らかにしている。

に入りコンピューター化がもっと進み、職場と家庭が一体化する可能性があること。同時に職場のフレックス・タイム制もますます一般化すること。⑩新しく21世紀となり、世紀末の閉塞感から抜け出し、社会に清新の気が張ること。多くの条件は日本において満たされていると言ってよい。

参考文献

●Billari, Francesco C. and Gianpiero Dalla-Zuanna (2013) “Cohort Replacement and Homeostasis in World Population,” Population and Devel opment Review, Vol.39, No.4, pp.563-585.

●Chesnais, Jean-Claude (2001) “Comment : A March Toward Population Recession,” Population and Development Review, Vol.27, pp.255-259.

●Wilson, C. and A. Pauline (2010) “How can a Homeostatic Perspective Enhance Demographic Transition Theory,” Population Studies, Vol.53, No.2, pp.117-128.

●大淵寛(2010)「ホメオスタシス、人口転換」『現代人口辞典』原書房

●大淵寛・森岡仁(1981)『経済人口学』新評論

●小黒一正(2010)「人口減少の罠は脱出できるか?－人口転換理論(Demographic Transition Theory)を中心に」『経済政策ジャーナル』第7巻第1号, pp.2-17

●金子隆一・村木厚子・宮本太郎(2018)『新時代からの挑戦状－未知の少親多死社会をどう生きるか』厚生労働統計協会

●河野稠果(1999)「人口変動とホメオスタシス」『人口学研究』No.25, pp.1-2

●別府志海(2010)「丙午」『現代人口辞典』原書房

●増田幹人(2019)「出生とホメオスタシス」『駒澤大学経済学論集』第50巻第3号, pp.27-39

あとがき

私事になりますが、筆者の父親である茂が２０１８年12月３日に他界しました。当日午後１時過ぎに筆者の携帯電話が鳴りました。着信の表示から名古屋の高齢の母親からだとすぐわかりましたが、「うたた寝をしている間に隣のベッドで寝ていた父親が息を引き取った」という内容には驚きました。

連絡を受けるやすぐに新幹線に飛び乗り、名古屋の自宅に着いたのは午後４時過ぎでした。葬儀業者が父親の体にドライアイスを装着した後でしたが、日本看取り士会の柴田久美子氏の教えに従い父親の背中に触れてみたところ、まだ温かかったことを覚えています。

本拙書のもとになる論考についての推敲を行っていた筆者にとって、このタイミングで父親が逝ったことについて不思議な感慨があります。ちょうど一カ月前に認知症気味の父親とは「魂のふれあい」を経験していましたので、臨終に間に合わなかったことへの後悔はありませんでした。むしろ自宅での見事な「平穏死」を遂げてくれた父親に感謝する気持ちで一杯になりました。

名古屋の実家から離れて40年近くになり、商店街の一角で時計宝石の小売りを細々と営んできた実直な父親のことを生前あまり気にすることはなかったのですが、あの世に旅立ってからは日に日に父親のことを意識するようになっています。12月末に「お礼」をかねて新幹線の岡山駅で初めて柴田氏にお会いしましたが、最初の言葉は「ありがとうございました」でした。初対面の方に「ありがとう」というのもおかしな話ですが、父親の満足のいく看取りができたのは柴田氏のおかげだと思っていたからです。経済産業省の役人になってから既に30年以上が過ぎますが、役所の仕事とプライベートの出来事がこれほどまでにシンクロしたのは初めての経験です。

２０１９年5月1日から日本は令和の時代となりました。元号の出典となったことで注目を集めている万葉集ですが、その中には亡くなった人を悼む歌が数多く収録されています。

「山の上へ、雲や霧の合間へとあの人は昇っていった」と、当時の人たちは遺体から抜け出ていく「魂」を想って歌を詠んでいました。「言霊」という考え方が示すとおり、歌には「見えないものを見る」ための呪術的な力があると考えられていたからです。

「目に見えない魂や霊が否定された結果、死に対する人々の意識が変わってしまった」。注1

このように述べるのは日本を代表する経営者である稲盛和夫氏です。

功成り名を遂げた経営者は合理主義の塊と想われがちですが、稲盛氏の人生の目的は意外にも「人間性、すなわち魂を磨くこと」です。注2 稲盛氏は「死ぬときまでにどれだけ人格、品性を高めたか、そのことだけが人生の勲章である」としていますが、注3 この主張は「人生の目的は善く生きることであり、善く生きるとは自らの魂をより優れた善なるものにするという魂への気遣いである」とするソクラテスの思想と相通ずるものがあります。

資本主義の暴走が懸念される昨今ですが、英国の経済歴史学者のロバート・スキデルスキー氏は「欲望がとめどなく拡大するようになったのは古くからの伝統である『よき人生』という観念が消滅したことが原因である」と指摘しています。注4

世界に先駆けて多死社会が到来する日本では、本文で述べたとおり人生の最終目的を意識する人々が多くなっています。多死社会のチャンスを捉えて「母性資本主義」を推し進めていけば、「よき人生」や「見えないものにも価値がある」とする観念が復活するのではないでしょうか。

皆さんが日本発の母性資本主義の一翼を担っていただければ、世界の危機を救うパラダイムシフトが日本で起きると筆者は確信しています。本書はすべて筆者の個人的見解です。

本書のすべての章において筆者が経済産業研究所（ＲＩＥＴＩ）で行ってきた研究の成果（３本のポリシー・ディスカッション・ペーパー）が盛り込まれています。これらの論文を執筆する過程で、矢野誠所長をはじめとするＲＩＥＴＩの研究者から貴重な示唆を頂戴するとともに、中島厚志理事長をはじめＲＩＥＴＩの職員の方々（特に重松陽子氏）から多大なご協力をいただいておりま す。この場を借りて感謝の意を表したいと思います。また、多死社会に関する専門的知見を本書に提供していただいた増田幹人氏に心から感謝いたします。

末尾になりましたが、本書の上梓のためご尽力いただいた㈲あうん社の平野智照氏、そしてミネルヴァ書房の杉田啓三社長に衷心よりお礼申し上げます。

注・参考資料一覧

章	注	参考資料、著書など
はしがき	注1～2	日立東大ラボ「Society5.0」日本経済新聞出版社、2018年
	注3	櫻井武「『こころ』はいかにして生まれるのか」講談社、2018年
	注4	広井良典編著「2100年へのパラダイム・シフト」作品社、2017年
第1章	注1	山崎章郎「『在宅ホスピス』という仕組み」新潮社、2018年
	注2	大鐘稔彦「安楽死か、尊厳死か」ディスカヴァー・トゥエンティワン、2018年
	注3～6	宮下洋一「安楽死を遂げるまで」小学館、2017年
	注7	細見博志「生と死を考える」北國新聞社、2004年
	注8～12	石丸昌彦・山崎浩司「死生学のフィールド」放送大学教育振興会、2018年
	注13～16	山崎章郎「『そのとき』までをどう生きるのか」春秋社、2018年
	注17	小澤竹俊「『死ぬとき幸福な人』に共通する7つのこと」アスコム、2018年
	注18～20	高木慶子「『ありがとう』といって死のう」幻冬舎、2017年
	注21	2018年9月16日付東洋経済オンライン
	注22～24	山折哲雄「ひとりの覚悟」ポプラ社、2019年
	注25～26	山崎章郎前掲書
	注27	柳田邦男「悲しみは真の人生の始まり」ＰＨＰ研究所、2014年
	注28～30	柳田邦男・樋野興夫「人の心に贈り物を残していく」悟空出版、2017年
	注31～32	松山淳「君が生きる意味」ダイヤモンド社、2018年
	注33	小浜逸郎「癒やしとしての死の哲学」洋泉社、2009年
第2章	注1	荒川和久「超ソロ社会」ＰＨＰ研究所、2017年
	注2	菅野久美子「孤独死大国」双葉社、2017年
	注3	米澤結「お墓、どうしますか？」ディスカヴァー・トゥエンティワン、2018年
	注4	小林美希「ルポ　中年フリーター」ＮＨＫ出版、2018年
	注5	難波功士「広告で社会学」弘文堂、2018年
	注6～10	大岡頼光「なぜ老人を介護するのか」勁草書房、2004年
	注11～12	瀧野隆浩「これからの『葬儀』の話をしよう」毎日新聞出版社、2018年
	注13	森謙二「墓と葬送のゆくえ」吉川弘文館、2014年
	注14～16	浅見昇吾「『終活』を考える」ぎょうせい、2017年
	注17	「変わる葬送、『海洋散骨』が静かに広がる事情」2018年10月7日付東洋経済オンライン
	注18	村田ますみ「海へ還る」啓文堂書房、2018年
	注19	小谷みどり「〈ひとり死〉時代のお葬式とお墓」岩波書店、2017年
	注20	堀江宗正他「現代日本の宗教事情〈国内編1〉」岩波書店、2018年
	注21～23	山田康弘「老人と子供の考古学」吉川弘文館、2014年
	注24	堀江宗正他前掲書
	注25	新谷尚紀「お葬式」吉川弘文館、2009年
	注26	堀江宗正他前掲書
	注27	正木晃「しししのはなし」ＣＣＣメディアハウス、2018年
	注28	堀江宗正他前掲書
	注29	正木晃前掲書
	注30	小浜逸郎「人はなぜ死ななければならないのか」洋泉社、2007年
	注31	小浜逸郎前掲書 「癒やしとしての死の哲学」
	注32～33	小浜逸郎前掲書 「人はなぜ死ななければならないのか」
	注34	2018年8月22日付ダイヤモンドオンライン
	注35	2019年4月7日付日本経済新聞
	注36	荒川和久前掲書

章	注	参考資料、著書など
第2章	注37	内田樹「ローカリズム宣言」デコ、2017年
	注38	鈴木岩弓・森謙二「現代日本の葬送と墓制」吉川弘文館、2018年
	注39～42	藤野寛「友情の哲学」作品社、2018年
	注43	2018年11月3日付週刊東洋経済
	注44	大山眞人「親を棄てる子どもたち」平凡社、2019年
	注45～46	大岡頼光前掲書
	注47～48	花戸貴司「最後も笑顔で」朝日新聞出版、2018年
第3章	注１～２	小川和也「未来のためのあたたかい思考法」木楽舎、2019年
	注３～４	今中博之「社会を希望で満たす働きかた」朝日新聞出版、2018年
	注５	加藤豊「医者が教える幸せな死のかたち」幻冬舎、2015年
	注６	谷山洋三「人は人を救えないが、『癒やす』ことはできる」河出書房新社、2018年
	注７～８	岸見一郎「老いる勇気」ＰＨＰ研究所、2018年
	注９	谷山洋三前掲書
	注10	池上哲司「傍らにあること」筑摩書房、2014年
	注11	大岡頼光前掲書
	注12	2018年3月7日付日経ビジネスオンライン
	注13	河合伸幸「凶暴老人」小学館、2018年
	注14	佐藤弘夫「ヒトガミ信仰の系譜」岩田書院、2012年
	注15～18	樋野興夫「あなたはそばにいるだけで価値ある存在」ＫＡＤＯＫＡＷＡ、2016年
	注19	ヴィクトール・フランクル「それでも人生にイエスと言う」春秋社、1993年
	注20	諸富祥彦「『夜と霧』ビクトール・フランクルの言葉」コスモスライブラリー、2012年
	注21	西野亮廣「革命のファンファーレ」幻冬舎、2017年
	注22～23	小向敦子「すごい葬式」朝日新聞出版、2018年
	注24	岸見一郎前掲書
	注25～27	和田秀樹「自分が高齢になるということ」新講社、2018年
	注28	内田樹他「日本霊性論」ＮＨＫ出版、2014年
	注29～30	恩蔵絢子「脳科学者の母が認知症になる」河出書房新社、2018年
	注31～32	徳田雄人「認知症フレンドリー社会」岩波書店、2018年
	注33	小出美樹「シスター・ヒロ子の看取りのレッスン」ＫＡＤＯＫＡＷＡ、2018年
	注34～35	恩蔵絢子前掲書
	注36	小出美樹前掲書
	注37	ＮＨＫスペシャル取材班「老衰死」講談社、2016年
	注38	2019年1月25日付ＨＵＦＦＰＯＳＴ
	注39	ＮＨＫスペシャル取材班前掲書
	注40～42	玉置妙憂「死にゆく人の心に寄りそう」光文社、2019年
	注43～47	柳谷慶子「江戸時代の老いと看取り」山川出版社、2011年
	注48～50	山崎章郎前掲書「『そのとき』までをどう生きるのか」
	注51	山崎章郎前掲書「『在宅ホスピス』という仕組み」
	注52	小澤竹俊前掲書
	注53～54	藻谷浩介「和の国富論」新潮社、2016年
	注55～66	石丸昌彦・山崎浩司前掲書
第4章	注１～２	松田雄馬「人工知能はなぜ椅子に座れないのか」新潮社、2018年
	注３～５	諏訪正樹「身体（からだ）が生み出すクリエイティブ」筑摩書房、2018年
	注６	電気通信大学長井隆行教授ホームページ
	注７～８	浅田稔「ロボットという思想」ＮＨＫ出版、2010年
	注９～10	フラー・トリー「神は脳をつくった」ダイヤモンド社、2018年
	注11	海老原嗣生「『ＡＩで仕事がなくなる』論のウソ」イースト・プレス、2018年
	注12～13	Voice2018年12月号
	注14	新谷尚紀前掲書

章	注	参考資料、著書など
第4章	注15	武内和久・藤田英明「介護再編」ディスカバー・トゥエンティーワン、2018年
	注16	細馬宏通「介護するからだ」医学書院、2016年
	注17	武内和久・藤田英明前掲書
	注18	クリスチャン・マスビアウ「センスメイキング」プレジデント社、2018年
	注19	武内和久・藤田英明前掲書
	注20～22	イヴ・ジネスト「『ユマニチュード』という革命」誠文堂新光社、2016年
	注23	六車由美「介護民俗学という希望」新潮社、2018年
	注24	小嶋勝利「誰も書かなかった老人ホーム」祥伝社、2018年
	注25～28	六車由美前掲書
	注29～35	三好春樹「介護のススメ！」筑摩書房、2016年
	注36～40	武内和久・藤田英明前掲書
	注41	中西敦士「10分後にうんこが出ます」新潮社、2016年
	注42	実用介護辞典（改訂新版、講談社）の「母性」の項
	注43～44	三好春樹前掲書
第5章	注１	岩井克人他「資本主義と倫理」東洋経済新報社、2019年
	注２	2018年7月15日付東洋経済オンライン
	注３	岩井克人他前掲書
	注４～６	日立東大ラボ前掲書
	注７	中前忠「家計ファーストの経済学」日本経済新聞出版社、2019年
	注８	苫米地英人「人間は『心が折れる』からこそ価値がある」ＰＨＰ研究所、2015年
	注９～10	エバレット・ケネディ・ブラウン「失われゆく日本」小学館、2018年
	注11～13	角田陽一郎「13の未来地図」ぴあ、2018年
	注14	池谷裕二他「脳はみんな病んでいる」新潮社、2019年
	注15～16	千住博「芸術とは何か」祥伝社、2014年
	注17	田中久文「日本美を哲学する　あはれ・幽玄・さび・いき」青土社、2012年
	注18	ピーター・ドラッカー「断絶の時代　来たるべき地域社会の構想」ダイヤモンド社、1969年
	注19	2017年8月22日付ニューズウィーク
	注20	Voice2018年12月号
	注21～23	岩井克人他前掲書
	注24	ベルナルド・リエター「マネー」ダイヤモンド社、2001年
	注25	松本滋「父性的宗教　母性的宗教」東京大学出版会、1987年
	注26	ルートポート「会計が動かす世界の歴史」ＫＡＤＯＫＡＷＡ、2019年
	注27	松尾豊「超ＡＩ入門」ＮＨＫ出版、2019年
	注28	松岡真宏「時間資本主義の到来」草思社、2014年
	注29	2018年８月26日付日本経済新聞
第6章	注１	2019年2月16日付週刊東洋経済
	注２	フェリックス・マーティン「21世紀の貨幣論」東洋経済新報社、2014年
	注３～４	ルートポート前掲書
	注５	ディヴィッド・バーチ「ビットコインはチグリス川を漂う」みすず書房、2018年
	注６	小野善康「金融　第2版」（現代経済学入門）岩波書店、2009年
	注７	ベルナルド・リエター「マネー崩壊」日本経済評論社、2000年
	注８	ディヴィッド・バーチ前掲書
	注９	西部忠「貨幣という謎」ＮＨＫ出版、2014年
	注10	佐藤航陽「お金2.0」幻冬舎、2017年
	注11	川崎貴聖「善意立国論」創藝社、2018年
	注12	山泰幸「だれが幸運をつかむのか」筑摩書房、2015年
	注13～14	桜井英治「贈与の歴史学」中央公論新社、2011年
	注15	新谷尚紀前掲書
	注16～17	正村俊之「変貌する資本主義と現代社会」有斐閣、2014年

章	注	参考資料、著書など
第6章	注18	山泰幸前掲書
	注19	松田元「いい人がお金に困らない仮想通貨」ＫＫベストセラーズ、2018年
	注20	仲俊二郎「龍馬が惚れた男」栄光出版社、2018年
	注21	鹿野嘉昭「藩札の経済学」東洋経済新報社、2011年
	注22	鳥越皓之「『サザエさん』的コミュニティの法則」ＮＨＫ出版、2008年
	注23	エバレット・ケネディ・ブラウン前掲書
	注24	仲俊二郎前掲書
	注25	西部忠「地域通貨」ミネルヴァ書房、2014年
	注26	山口周「武器になる哲学」ＫＡＤＯＫＡＷＡ、2018年
	注27～28	鬼頭宏「2100年、人口3分の1の日本」メディア・ファクトリー、2011年
	注29	森貞彦「『菊と刀』の読み方」東京図書出版、2015年
あとがき	注１～３	稲盛和夫「稲盛和夫の哲学」ＰＨＰ研究所、2001年
	注４	ロバート・スキデルスキー＆エドワード・スキデルスキー「じゅうぶん豊かで、貧しい社会」筑摩書房、2014年

《著者紹介》

藤　和彦（ふじ・かずひこ）

経済産業省経済産業研究所上席研究員
1960年生まれ。通商産業省（現経済産業省）入省後、
エネルギー・中小企業政策などに携わる。
2003年に内閣官房に出向（内閣情報調査室内閣参事官）。
2016年から現職。著書に「原油暴落で変わる世界」など
最近は経済・金融の知見に加えて社会学や哲学、
宗教学の観点も踏まえて日本のあり方を積極的に提言している。

［企画編集］あうん社　平野智照
［制作協力］丹波新聞社

日本発 母性資本主義のすすめ
——多死社会での「望ましい死に方」——

2019年８月30日　初版第１刷発行　〈検印省略〉

定価はカバーに
表示しています

著　者　藤　和彦
発行者　杉田啓三
印刷者　藤森英夫

発行所　株式会社《かぶしきがいしゃ》　ミネルヴァ書房
607-8494　京都市山科区日ノ岡堤谷町１
電話代表　(075)581-5191
振替口座　01020-0-8076

亜細亜印刷

ISBN 978-4-623-08743-3
Printed in Japan